Guía de lugares que ya no existen

ESPIDO FREIRE

GUÍA DE LUGARES QUE YA NO EXISTEN

Premio Eurostars Hotels
de Narrativa de Viajes 2025

RBA

Obra ganadora del Premio Eurostars Hotels de Narrativa de Viajes 2025.

Primera edición: enero de 2026.
Primera reimpresión: marzo de 2026.

REF.: OBFI524
ISBN: 978-84-1098-122-5
DEPÓSITO LEGAL: B. 22.028-2025

EL TALLER DEL LLIBRE • PREIMPRESIÓN

Impreso en España – *Printed in Spain*

PEFC
PEFC/14-38-00302
www.pefc.es

El Premio Eurostars Hotels de Narrativa de Viajes, convocado por el Grupo Hotusa con la colaboración de la Universitat de Barcelona y RBA Libros y Publicaciones, S.L.U., tiene por objetivo fomentar la creación y divulgación de obras literarias de viajes escritas en español. Espido Freire, autora de este libro, fue la ganadora del Premio Eurostars Hotels 2025. El jurado estuvo compuesto por los escritores Carme Riera, miembro de la Real Academia Española; Alfredo Conde, Premio Nadal y Premio Nacional de Narrativa; Ana Sanjurjo, directora de Hotusa Hotels; el Dr. Adolfo Sotelo, catedrático de Filología Hispánica por la Universitat de Barcelona; y José Manuel Esbrí, director general de RBA Libros.
Toda la información sobre el premio en www.premioeurostarsnarrativa.com.

PARA LA NIÑA

Y cuando, muerto de aburrimiento, te asalte la nostalgia de climas y costumbres exóticas, de periódicos impresos en misteriosos caracteres, de curiosos bebedizos, de ropa de extraño corte y colorido, acuérdate de que para alguien nosotros somos los antípodas: un remoto, increíble pueblo al otro lado del mundo, casi al otro lado de la vida; personas a las que quedarse mirando, mirando, asombrados... Nosotros, los antípodas, somos así.

MÀRIO QUINTANA (1906-1994),

«Do inédito», *Sapato florido*

En esta corriente siempre en movimiento y dentro de la cual no hay punto alguno de referencia, ¿qué le sucede a las cosas fugaces que en tan alto aprecio tiene el hombre?

Quien por eso se preocupe es como si decidiera enamorarse de un gorrión que pasa volando para perderse de vista en un segundo.

MARCO AURELIO (121-180),

Meditaciones

CONTENIDO

PRÓLOGO

LOS LUGARES QUE YA NO EXISTEN

Cuando era una niña, descubrí que los lugares dejaban de existir, que desaparecían, engullidos como la ballena se había tragado a Jonás, o como las arenas movedizas atrapaban a los exploradores demasiado osados. Pero a diferencia de las historias que había leído a esa edad, los lugares no regresaban como por arte de magia. Al fin y al cabo, la ballena había escupido a Jonás en las costas de Nínive, y Tarzán siempre aparecía a tiempo para salvar a los incautos blancos que desoían los consejos de los sabios cameruneses.

Había que estar muy pendiente de los lugares, porque, al contrario de lo que todos parecían creer, no se encontraban firmemente anclados a la tierra ni definidos por marcas o fronteras. Por supuesto, entonces el mundo me pertenecía, de esa manera descomplicada y evidente en la que los niños ocupan todo el espacio disponible, y juegan sin reparar en el precio de los muebles o corren y lanzan alaridos de alegría por los sitios más sagrados. Mi casa era mía, mi pueblo era mío, pero mías eran también las casas de mis abuelos, el monte al que subíamos cada domingo para comer un bocadillo en su cima, y los castillos en los que habitaban las hadas de mis cuentos, el reino en el que Sherezade luchaba cada noche por su vida y los campos en los que los tres cerditos construían sus casitas contra el lobo.

Y lo que aún no era mío esperaba a que lo conociera para empezar a serlo: yo ansiaba una vida con muchos viajes, en la que pudiera recorrer infinitos paisajes, y conocer aquello que solo intuía. Debía darme prisa en crecer, porque sospechaba que algunas de aquellas tierras que deseaba conocer podían desvanecerse en cualquier momento: yo lo sabía porque lo había visto en mi propia casa, había sido testigo de cómo los campos cuidados, los caseríos blancos y rojos que salpicaban la ribera del río, los huertos que crecían en sus orillas desaparecían en el verano de 1983, cuando abandoné mi tierra para ir a la de mis abuelos, en el eterno mes de vacaciones de la niñez.

En algún momento de mi ausencia, el río Nervión, que atravesaba el valle de Ayala para desembocar en el mar Cantábrico, se había convertido en una fiera salvaje que había cubierto de barro y un amasijo de hierros y hojarasca podrida todo lo que yo conocía. El gran Bilbao, la zona industrial que había sido el orgullo de Euskadi y la razón por la que jóvenes como mis padres habían emigrado allí durante los años sesenta y setenta, boqueaba sin oxígeno en el lodo, como un pez al que hubieran arrancado del agua.

Vimos esas escenas terribles a través de la televisión. El 26 de agosto de 1983 cayeron más de 500 litros de agua por metro cuadrado sobre Bilbao y sus alrededores. Diez días más tarde, cuando regresé en tren en lo que fue uno de los viajes más tristes de mi vida, el corazón me palpitaba en la garganta con un latido seco y me dolían los ojos cuando miraba por la ventanilla como si el sol los hubiera deslumbrado: de pronto me encontraba cara a cara con la Nada que Michael Ende describía en *La historia interminable*. Un vacío inacabable formado por lodo, plásticos enmarañados, hierba corrompida. Las paredes en el Casco Viejo de Bilbao mostraban aún la marca de hasta dónde había llegado el río, y las puertas de muchas casitas bajas, de infinidad de negocios pequeños, no volvieron a abrirse. Todo lo había cubierto el silencio, como una manta mojada y demasiado pesada como para arrastrarla.

Desapareció el trazo de los arriates del bello parque de los Marqueses de Urquijo de Llodio, convertido en parque municipal, con las fuentes reventadas y los estanques que se alimentaban del cercano arroyo convertidos en silos de barro. Algunos de los árboles que crecían desde hacía décadas cerca del río se habían caído y esperaban, derrotados, que los convirtieran en leña. Varios de los puentes colapsaron, las vías de tren se retorcieron sobre sí mismas, y los coches flotaban como lanchas de colores improbables. El barco Consulado, anclado de manera permanente en la ría, se liberó y, tras tambalearse y chocarse varias veces contra los muelles y otros barcos, se perdió bajo las aguas.

Y yo pensaba que en las sagas nórdicas así comenzaba el fin de los tiempos, el Ragnarök. Las estrellas caerán del cielo, describía la Edda Mayor, la tierra se sacudirá de tal manera que las montañas se desmoronarán, los árboles se desarraigarán. La serpiente Jörmungandr se sumergirá en el agua, y eso hará que el océano inunde la tierra, con lo que el barco Naglfar, construido con las uñas de los muertos se liberará de sus amarras y navegará sobre las aguas enfurecidas de la inundación.

Pero ¿a quién podía contarle una niña de nueve años que estaba convencida de que todas las señales apuntaban hacia el fin del mundo? Porque, efectivamente, pese al titánico esfuerzo de todos, pese a la limpieza, las ayudas, la determinación férrea de los habitantes de la zona por continuar adelante, aquel mundo desapareció.

Muy lentamente la comarca volvió a recuperarse, pero nunca volvió a ser lo que fue. Lo viejo fructificó y dio paso a una nueva manera de entender el territorio, modificó las calles, se reforzaron los puentes, ampliaron el margen del río voraz. Con el tiempo aterrizaría junto al agua, en la Ribera de Deusto, una nave espacial de titanio que lo cambiaría todo, pero que no devolvió lo que la riada se había llevado.

Por entonces los metales pesados que anidaban en el cieno se entremezclaron con la sangre y el aliento de los niños, y nos afectaron mucho y a muchos. Yo fui una de las que caí enferma; desde entonces no he vuelto a saber qué significa respirar sin esfuerzo. Sin saberlo, me encontraba tan enlazada con la tierra que lo que se le hizo a ella lo encarné en mi cuerpo de nueve años, que tampoco fue nunca el mismo. El agua encolerizada me encontró, inundó mis pulmones, anegó mis bronquios pese a que me encontrara muy lejos. Aun así, como Bilbao, encontraría una manera de salir adelante aferrada al arte y a las nuevas historias.

Aquel fue el primero de los lugares que perdí.

Algún tiempo después, quizás al siguiente verano, aquellos agostos eternos de moscas en torno a los cercos que dejaban los vasos de vino de los mayores, de aburrimiento infinito y de descubrimientos deslumbrantes, el segundo de los lugares que consideraba mío se esfumó ante mis ojos. Era un prado vecino a uno que poseían mis abuelos, en una aldea de Galicia, y que yo veía si me subía a uno de los árboles cercanos. Con la espalda sólidamente apoyada contra el tronco del roble y las piernas en una flexión estudiada, lo que me rodeaba en aquel rincón secreto era cielo, hojas y liquen blanquecino, el canto de los pájaros y el chirrido ferruginoso de las cigarras, que se ocultaban en algún lugar del paño de hierba de aquel prado.

Aquel verano, cuando regresé y me subí con cautela al roble, los pies rozados por las tiras de las cangrejeras azules con las que corría, me habían arrebatado el prado. Una casa cuadrada, fea, con los bloques de hormigón aún a la vista y una escalera exterior que recorría como una oruga dos de las paredes, se alzaba en mitad de la finca, en la que ya no crecía hierba. Las cigarras se habían escabullido, y las hojas del roble se quebraban, secas, la primera señal de que el árbol moriría en pocos meses. Muy despacio, me acerqué a atisbar entre las zarzas de la linde.

Aquello era el horror, un universo de pesadilla que emergía para hacerse con la belleza, la armonía y la paz de aquel lugar, y, si no corría lejos de allí, me atraparía, nos atraparía a todos. No volví a aquel rincón ni a subirme al roble que también desapareció. Desde entonces me encerré en la casa con los libros, dentro de los que podía confiar que nada cambiaría por mucho que los leyera una y otra vez.

Aún sueño con aquella casa erigida en mitad del humilde paraíso que había escogido, y me despierto angustiada, y tardo un rato en recordar que ya no tengo diez años y que hace mucho tiempo que aquello que temía se convirtió en realidad. Las casas, para las que se había ahorrado durante tanto tiempo de emigración y de privaciones, crecieron en todos los terrenos de los alrededores, y la aldea ganó carreteras, instalaciones eléctricas, servicios y aceras, aquello que temía la niña que rechazaba denodadamente toda forma de modernidad. No entendía entonces lo que suponía que se llevara una farola al campo, que se asfaltara un camino. Aquel era mi feudo, mi dominio, y no deseaba que cambiara. Me tendía sobre la hierba como podía hacerlo sobre las sábanas de mi cama, y en ella hundía las manos y los dedos de los pies, que regresaban a casa manchados de la tierra que se colaba en las sandalias de plástico. Todo aquello era mío y me lo estaban arrebatando, pedazo a pedazo.

Desde entonces he visitado a menudo lugares que yo sabía condenados a desaparecer, que se esfumaban entre mis manos: muchos de ellos los congelé en palabras, como si las historias que contaba les insuflaran un poco más de aliento, y pudieran conservarlos en una ampolla de cristal, un eco, un reflejo de lo que se perdió. Siempre he querido hablar de mis viajes a los lugares que ya no podré visitar salvo en mi recuerdo, en mi memoria o en mi fantasía. Dicen que no debe regresarse a los lugares en los que uno fue feliz; en mi caso, esa frase se ha convertido en realidad muchas más veces de las que debería.

LAS ROSAS DE DAMASCO

Aterricé en Damasco el 12 de febrero de 2011, cuando la noche ya se entremezclaba con el polvo: las ciudades desconocidas parecen idénticas en la oscuridad, sobre todo en la tierra de nadie que se extiende entre el aeropuerto y los primeros arrabales, durante esos momentos en los que el olor del país nuevo nos golpea sin que podamos aún decidir si nos gusta o no, y en el que el sueño o la desorientación han convertido el tiempo en una sustancia pastosa que desgranamos entre los dedos.

Me habían invitado a que celebrara con los estudiantes y los jóvenes aficionados a la lectura el día de San Valentín, que se dedicaba no solo al amor, sino también a la amistad. El amor y sus errores han ocupado buena parte de mi vida y varios de mis libros, y me aferré a esa excusa para visitar un país que todos me habían insistido en que debía conocer: nunca he necesitado un pretexto para viajar, pero sí para destinar mi tiempo al viaje, y más aún en un momento en el que la Gran Recesión hundía sus dientes en nuestra carne tierna. Bastaron unos pocos meses para que todo lo construido a lo largo de muchos años se derrumbara, pero por entonces aún no lo sabíamos; vivíamos en la negación y la culpa, y en un desesperado huir hacia delante. Los brotes verdes que habían anunciado en la economía en 2009 se agostarían antes incluso de haber asomado.

Damasco era una ciudad joven, muy joven, y rebosaba entusiasmo. De sus casi dos millones de habitantes, la gran mayoría no llegaba a los treinta años.

La juventud no solo se percibía en el número de adolescentes que poblaban las calles, en los niños que jugaban al fútbol en las plazas y en cada uno de los lugares en los que una portezuela sirviera para marcar un gol, sino en una energía chispeante y vigorosa, similar a la que se percibe cuando se cruza la puerta de un instituto o de un centro juvenil: había algo desordenado y caótico, pero también el dinamismo de quien encuentra aún todo por hacer. De honda raíz romana y con una larga tradición de convivencia entre judíos, musulmanes y católicos, se mostraba al mismo tiempo muy vieja, decrépita incluso en algunas zonas, y recién creada o, aún mejor, en el proceso de moldearse a gusto de quienes allí habitaban. A diferencia de otros países mediterráneos, en las calles no abundaban los desocupados ni los ociosos: salvo algunos ancianos parsimoniosos en los cafés, todos se dirigían a algún lugar, todos parecían con un encargo urgente que resolverían en cuanto pudieran.

Menudeaban los extranjeros y nos reconocíamos entre nosotros, para decepción de quienes jugaban a ser viajeros, y se avergonzaban de percibirse como turistas. En la calle se escuchaban varios idiomas, a menudo entremezclados en la misma conversación. Damasco se construía ante nuestros ojos, cerraba nuevos tratos, iniciaba proyectos nuevos, compraba, vendía. Se veían paredes a medias por todas partes, casas que se ampliaban o que sustituían a otras ya derruidas.

Los tenderetes con frutos secos y algodón de azúcar se encontraban en cada calle ante tiendas repletas de baratijas, pero tras algunos de ellos se entreveían comercios lujosos, joyerías con el precio escrito con esmero en cifras arábigas, con las que resultaba imprescindible familiarizarse. El impresionante caravasar de Asad Pasha, edificado para albergar a los comerciantes de paso y sus caravanas, no dejaba lugar a dudas: con sus ocho cúpulas elevadas hasta el infinito y el mareante efecto óptico de sus paredes listadas en blanco y negro, no se limitaba a un lugar de abrigo, sino a una manifestación de ostentosa prosperidad.

En las últimas décadas, las grandes marcas internacionales habían aterrizado para quedarse, y muchas mujeres, impecablemente vestidas, lucían bolsos con siglas muy reconocibles. Las maquilladas con mayor cuidado, las que lucían las cabelleras negras o rojizas como telarañas sobre los hombros, las que vestían de una manera más llamativa eran cristianas, me contaron.

Desde lo alto de la terraza del hotel, las calles se convertían en un laberinto cuajado de cúpulas. Junto a la ciudadela, en la zona antigua de Damasco, la mezquita de los Omeyas se desperezaba con el canto a la oración, como una gigantesca tortuga que elevara con cautela la cabeza antes de hundirla de nuevo en su caparazón. En su vientre se cobijaba el oro del tesoro sirio, y la tumba de San Juan Evangelista, al que el Islam considera uno de sus profetas. Para honrarlo, se edificó una capilla construida por el califa omeya Walid I en el año 705.

Hay varios lugares que pugnan por albergar los restos del santo decapitado, el hijo de Zacarías; el de Damasco era un fanal de vidrio verde, rodeado de alfombras coloridas, un templete dentro de otro. Un caparazón sobre otro caparazón: la mezquita se erigía sobre la catedral bizantina que ordenó alzar el emperador romano Constantino I, que sustituía al templo romano primitivo dedicado a Júpiter Damasceno, que a su vez sustituyó al dios sirio Hadad, y cuya intención se puede adivinar en el templo del Sol de Palmira. Habla de lo poderosa que fue Damasco durante la Ruta de la Seda.

Pero el Saladino que pobló durante siglos la literatura cristiana como símbolo del enemigo en buena lid, del rey árabe más sabio y más justo, también descansaba en un mausoleo al costado noroeste de la mezquita. Su ataúd de madera yacía bajo unas abigarradas colgaduras de seda verde y bordados dorados. Saladino aparece en *El conde Lucanor* y en las novelas decimonónicas de Walter Scott sin apenas variaciones en su figura.

Más allá, próxima al río Barada, se encontraba la mezquita Tekkiye, inconfundible, con sus minaretes gemelos que habían servido de inspiración a tantas ilustraciones de *Las mil y una noches*. Más acá, el palacio Azem, la más hermosa mansión que vi en la ciudad. Las flores de sus jardines aún no se encontraban en su esplendor, pero un poco más adelantada la primavera, el palacio se convertía en la metáfora del lujo oriental: el sonido de las cascadas de las fuentes y el aroma de las flores se entremezclaban desde el siglo XVIII con los mármoles de las paredes y el trabajo de policromía, delicadísimo, que las cubría. Entonces era un museo: en su momento, había sido la visión de un hombre de gusto, el gobernador Pasha al-Azem.

La calle Recta, la vía que une el este y oeste de Damasco en la Ciudad Vieja, y que, como indicó Mark Twain con cierta sorna, no era recta, rebosa de tiendas con telas, abalorios, especias y dulces, pero a mí me contaba otra historia: allí, según los *Hechos de los Apóstoles*, habitó el hombre que configuró el cristianismo, Saulo de Tarso, un radical, un hombre dispuesto a justificar sus actos en cada momento sin mirar atrás ni explicar demasiado sus contradicciones.

Nos lo han contado muchas veces: bajo el sol ardiente de la región, camino hacia Damasco, Saulo avanzaba con paso firme desde Jerusalén, impulsado por un propósito que hasta entonces le parecía incuestionable: aquellos que desafiaban las tradiciones con sus creencias en un nuevo Mesías no merecían otra cosa que la persecución. Era un judío de la diáspora de Turquía, perteneciente a la tribu de Benjamín, y había recibido una estricta educación religiosa de orientación farisea, bajo la tutela del respetado rabino Gamaliel.

Saulo había tomado parte en el juicio y la muerte de Esteban, el primer mártir cristiano, y consideraba, sin sombra de duda, que los cristianos eran una amenaza para la ley judía. Cuando se dirigía a Damasco con una comitiva de hombres, cumplía órdenes: la herejía debía erradicarse.

En un instante, la luz lo envolvió, el polvo formó un remolino a su paso y quedó ciego. Saulo cayó de rodillas, desorientado, y en ese silencio absoluto escuchó: «Saulo, Saulo, ¿por qué me persigues?». Ese momento, narrado en Hechos 9:3-7, ha impregnado el lenguaje popular: *caerse del burro* sigue significando el momento en el que alguien abandona una idea a la que se aferraba.

En las tinieblas, sin más guía que las palabras que había oído, Saulo se hospedó en la calle Recta a la espera de que algo ocurriera. Hacia allí se dirigió Ananías, un seguidor de Jesús al que una visión le ordenó que buscara la casa de Judas y preguntara por un viajero que había nacido en Tarso. Dura misión la de este hombre, la de acoger en su seno a quien había planeado matarlos. Ananías, pese a sus dudas, se encontró con Saulo y, cuando le impuso las manos, unas escamas cayeron de sus ojos, recobró la vista y recibió el bautismo.

Ya no era el mismo hombre ni había vuelta atrás. Allí, entre los muros de la ciudad, su voz comenzó a elevarse con un nuevo mensaje: el Cristo al que perseguía era, en realidad, su salvador. Sus amigos y colaboradores no comprendían nada. ¿Qué decía Saulo ahora? El precio de su transformación fue convertirse en un traidor.

Le avisaron de que corría peligro: ahora se encontraba en el otro lado, el de los marginados. Su huida fue silenciosa, urgente. En la oscuridad de la noche, sus seguidores lo ayudaron a escapar, descolgándolo por un muro. Y así comenzó su travesía, no ya como Saulo el perseguidor, sino como Pablo el apóstol. Desde Damasco, su viaje lo llevaría a los confines del mundo conocido.

—Es una lástima que no encuentres tiempo para acercarte a Alepo, qué tristeza que no hayas incluido Palmira en este viaje —me decían quienes encontraban que Damasco estaba cambiando con demasiada rapidez como para que mostrara la esencia de un país tan rico en patrimonio cultural que no podía atender a todo lo que se poseía ni documentar todo lo que se descubría.

—La próxima vez —decía yo.

Creía genuinamente en lo que decía. El país me había atrapado de inmediato. Incluso la constante presencia de los retratos de los presidentes formaba parte del paisaje al cabo de unos pocos días. En todo comercio, en cada espacio, en los grafitis de las calles, en los cafés nos supervisaba la mirada de Bashar al-Asad, el presidente que hubiera querido ser oftalmólogo, de su padre Hafez al-Asad, el anterior líder, y del llorado hermano muerto Bassel al-Asad, el heredero, el *príncipe dorado*, fallecido a los treinta y un años en un accidente de tráfico. O de Michel Aflaq, uno de los fundadores del Partido Baaz Árabe Socialista, o de Maher al-Asad, el menor de los hermanos, el militar.

Quizás hubiera debido prestar más atención a aquellos rostros, pero en aquel momento no eran sino desconocidos a los que apenas había entrevisto en las noticias. Me interesaban más los estudiantes de español, cada año más abundantes, las jóvenes lectoras que me confiaban sus deseos de viajar a Europa, a Estados Unidos para continuar con sus estudios, la animada vida nocturna en la que las pipas de agua se alternaban con los vasos de whisky y las teteras humeantes.

Mis anfitriones me presentaron a sus amigos, que me invitaron a su casa y cocinaron para mí platos exquisitos cubiertos de una hierba similar al cilantro, pero más picante y sabrosa. Me habían dado la receta de la *muhammara*, una crema deliciosa de pimiento que preparo de vez en cuando. La señora de la casa dejó claro que no me tenía en una gran estima, y que no aprobaba que una mujer se dedicara a escribir libros y a exhibirse por el mundo sin demasiado pudor, pero me atiborró a conciencia, en un intento bienintencionado de convencerme de que sus *ejjeh*, unas tortitas de perejil, eran lo mejor que podía salir de las manos y el ingenio femenino. Muchas de sus especias las compraba en Israel, donde vivía una de sus hermanas, y a donde acudía casi cada fin de semana.

—Los registros son interminables —decía—, pero la familia es la familia. Si quieres que te enseñe dónde comprar las mejores especias, puedo llevarte a mis tiendas secretas —me concedió, al final, cuando consideró que yo no estaba tan mal como al principio había creído—. El zoco al-Bazuriye es una trampa para turistas, solo para ver, nunca para comprar.

Puede que tuviera razón, pero aun así acabamos en ese zoco, que ejerció sobre mí un poder hipnótico. Jamila, mi nueva amiga, me pellizcaba, inmisericorde, y me dirigía hacia la derecha o la izquierda entre la multitud o me arrancaba con brusquedad de un puesto cuando creía que me había demorado demasiado tiempo.

—Rosas sí —me dijo—. Rosas puedes comprar. Las rosas de Damasco no tienen igual.

Me llevó hasta uno de los tenderetes que, en el ir y venir incesante bajo los arcos del zoco, me parecía el mismo que habíamos visto apenas un momento antes, y, con un gesto imperioso, me instó a que comprobara la calidad de las rosas secas apiladas en montones. Hundí la mano en una cesta llena de capullos cerrados.

—En infusión son buenas para la piel, refinan la belleza del rostro, suavizan las marcas de expresión, cicatrizan las heridas, dan luz a los ojos. Y en repostería...

Nunca he sabido resistirme al olor de las flores. En Túnez, años antes, había comprado al azar un aceite de rosas que había resultado la mejor de las inversiones, y que me acompañó, sin perder su intensidad, casi dos décadas. En Argelia me habían regalado una esencia que olía tan violentamente a jazmín que debía rebajarse veinte veces antes de que resultara tolerable, y que empleaba para perfumar los armarios en cada cambio de estación. Allí, en Damasco, las rosas se encontraban por todas partes, y con ellas las leyendas sobre su origen.

La rosa damascena es pequeña pero densa, con unos treinta y seis pétalos dobles, muy perfumada. Produce flores de color rosa o rojo pálidos, y florece bien a pleno sol. Se decía que había venido de Persia, y que en Siria había encontrado el mejor terreno posible para crecer. Los cruzados, que forman también parte de la historia de esta tierra, se la llevaron con ellos en la época del rey Luis IX de Francia, en el siglo XIII. Sea como fuere, esta rosa se extendió por Europa de jardín en jardín, y para el siglo XVI se había convertido en una de las flores preferidas de la corte de Enrique VIII de Inglaterra, cuyo emblema era la rosa de los Tudor.

Después de un rato de conversación, el comerciante entró en la trastienda e hizo una señal para que entráramos. Allí sacó con cuidado otros dos recipientes con rosas secas abiertas, preservadas enteras, con un color mucho más vivo. El precio era casi diez veces el de las otras.

—Cómpralas —me dijo Jamila, señalando las más caras—. No te arrepentirás.

Cerré los ojos y dije que sí. De hecho, mi habitación de hotel olía tan bien desde el momento en el que entré con los paquetes de rosas de varias calidades que dos días más tarde, tras mi conferencia, y poco antes de tomar el avión me arriesgué a perderme en el zoco para comprarle otra bolsa de rosas al mismo comerciante. Me llevaba también túnicas de colores vivos y pedrería falsa, con las que haría parte de la promoción de mi novela *La flor del Norte*, y unas bolas de cristal pintado para colgar del techo, pero aún quedaba un pequeño espacio en mi equipaje para más rosas secas.

Di vueltas, me perdí, me encontré, rehuí llamadas de atención y reclamos en varios idiomas para que comprara allí, aquí, y me perdí de nuevo. Salí por otra puerta a una zona en la que no había estado, pero ya conocía la ciudad lo suficiente como para orientarme desde el zoco. En una de las calles laterales escuché gritos, cánticos. Me vi envuelta, de pronto, en una marea de hombres que coreaban consignas en torno a los retratos del presidente y de su padre, cuyos rostros levantaban en alto o que llevaban en un cartel apretado contra el pecho.

Había algo extraño en aquella manifestación, incluso para alguien que había visto muchas. Estaba demasiado bien coordinada, los hombres avanzaban sin desviar la mirada ni reparar en mí ni en ninguna de las personas con las que se cruzaban. Las frases, que no entendía, pero que se repetían una y otra vez, no cambiaban. Vestían de paisano, pero compartían la misma edad, la constitución, las fisonomías parecidas. Unos meses antes me había visto envuelta, por casualidad, como turista de paso, en los inicios de la Primavera Árabe egipcia, pero aquello no se parecía a las caóticas protestas que cortaban las calles en El Cairo y que habían logrado la dimisión de Hosni Mubarak el mismo día que yo viajaba hacia Damasco.

—¿Protestan contra el presidente? —le pregunté al conductor que me llevaba hasta el hotel.

—No —dijo él—. Al contrario, es una manifestación de apoyo.

—Pero nadie se les une —me arriesgué a comentar.

El taxista calló durante unos minutos, y luego dijo:

—Grandes cosas están a punto de ocurrir. Y las grandes cosas son siempre malas cosas.

No olvidé esa frase, ni los puños apretados de los manifestantes, ni que algunos de ellos llevaban botas militares. Cogí mis rosas y mis prendas de colores, di las gracias, abracé a los nuevos amigos y partí.

Un mes más tarde estalló la guerra. Evacuaron al personal español y quien pudo reunir algo de dinero y de determinación huyó hacia un lugar u otro. Quien tenía familia en Israel intentó encontrar cobijo allí. Las jóvenes con becas para Estados Unidos quedaron atrapadas uno, dos, seis años. Se acostumbraron a vivir con el miedo, los bombardeos y las ruinas. La guerra civil de Siria dejó más de 470.000 muertos y entre 7 y 12 millones de desplazados. Alepo quedó devastada. Palmira, que albergaba algunas de las huellas romanas más valiosas del mundo, sufrió una sistemática destrucción a manos del califato del ISIS, que la convirtió en un centro de torturas y matanzas. Se cebaron con ella, la alzaron como el símbolo del paganismo que merecía la extinción y el olvido. Destruyeron el Templo de Bel, detonaron el Arco del Triunfo.

La ciudad vieja de Damasco y algunos de los barrios periféricos sufrieron algo menos y, de hecho, se convirtieron en zonas de refugio. El zoco al-Bazuriye sobrevivió, aunque afectado por las bombas y las detonaciones, la mezquita de los Omeyas se vio también salpicada por la desolación de los ataques de artillería. En los barrios de las afueras, los edificios de viviendas se redujeron a un esqueleto tambaleante. Todos los combatientes aprendieron de los estragos que la Cuarta División de Maher al-Asad, el militar, causó en otras ciudades; el saqueo se llevaba a cabo puerta a puerta, sin perdonar hospitales o colegios. Cuando ya no quedaba nada que llevarse, horadaban las paredes para extraer los cables de los muros y los marcos de las ventanas, y después de eso regresaron a por las vigas metálicas, a por la ferralla que sostenía en pie los edificios heridos de muerte.

La reconstrucción avanza muy despacio, resulta costosa y con muchos obstáculos. Aún me quedan un puñado de rosas secas, que guardé entre las sábanas en un armario con la determinación de un conjuro mágico; eso, un par de túnicas ya muy usadas y las bolas de cristal que sobrevivieron es todo lo que me queda de los días que pasé en Damasco.

LAS CIUDADES INVISIBLES

No existe narración sin espacio y tiempo, incluso en los cuentos de hadas, donde no se habla de ello claramente, sabemos que se renuncia a lo conocido para adentrarse en un entorno mágico: *érase una vez, en un reino muy muy lejano.* Las puertas de ese palacio, una vez abiertas, o ese bosque misterioso, una vez explorado, no pueden permanecer así por siempre, expuestos a que otros entren en él sin aviso, o con malas intenciones. Otra fórmula igualmente poderosa ha de cerrarlo: *Colorín colorado, este cuento se ha acabado.* Entonces se abren los ojos, nos despojamos de la imaginación y el mundo real regresa para tomar el espacio del que ha desaparecido.

La literatura realista se distingue de la fantástica no tanto por lo que ocurre, sino por *dónde* ocurre: Dostoyevski refleja un San Petersburgo del que conoce cada calle, con la excusa de unos personajes tan torturados y oscuros como sus adoquines. Galdós detiene en el tiempo Madrid en cada novela, en la que se leen los mismos carteles que ahora pueden encontrarse en las esquinas de las calles: la del Pez, la del Príncipe, Embajadores...

Lo mismo ocurre con la ciudad de Vetusta, en la que Clarín habla sin demasiado pudor de Oviedo, la que mejor conocía, el sitio de sus pesares y de sus obsesiones. Apenas ocultas por un nombre distinto, las calles permanecen idénticas. Sin embargo, los mediocres amores de sus habitantes hablan del mundo entero, de una envidia que corroe con saña, del acoso a los mejores por los que no les llegan a la altura del tobillo. Todas las clases sociales pasan por la mirada despiadada del autor, y, junto con el mundo exterior, refleja uno interior aún más desolado. Ni en el exterior ni en el alma se puede encontrar el menor consuelo.

Esas ciudades viven en los trajes de las damas, minuciosamente descritos, en sus movimientos, en las mentiras que los personajes se cuentan, que son las mismas falacias sociales que ahora sabemos que empleaban sus políticos, y sobre todo, en los vicios que escondían: la locura, el alcoholismo, la desesperación. La novela del XIX, que evolucionó en eternos capítulos, muchos de ellos publicados de manera serial en periódicos, buscaba que el lector burgués se reconociera, y se edificara. La obsesión por la pobreza no refleja sino el placer de quienes se sienten a salvo por no conocerla de cerca. Las ciudades crecían, tomaban características propias y abordaban problemas comunes. En ese viaje en el tiempo que supone cada novela, el autor obliga al lector a que se desplace por las calles que conoce, y las reconstruya.

Todo eso se complica aún más cuando el autor elige una ciudad imaginaria: como un arquitecto con las manos llenas de ideas y de presupuesto, ningún límite se impone. Una novela con la primera página en blanco se parece al plano sin trazar de una casa, o de cientos de casas. Una novela que se cierra, decía Pérez Galdós, se asemeja a un tren que sale de la estación: siempre puede llegar otro, pero el viaje no será el mismo ni la emoción, idéntica.

La ciudad imaginaria, sea en plano o en página (las dos sobre el papel), pide algo similar: en el plano se estudian cuáles son las necesidades de los habitantes futuros, parques, comunicaciones, colegios, lugares donde nutrirse y divertirse. Las elecciones de quienes vivan serán luego las que definan el carácter real de la ciudad, familiar, dinámica, culta, apacible, cambiante. Una mente, o varias, piensan en el futuro, lo anticipan y acercan.

En las novelas no caben miles de voces, pero cada personaje es el eco de una multitud. Quien da la palabra a un habitante da voz a toda una comunidad. Ni en la novela más extensa un carácter puede estar de más. Hablamos de símbolos, de representantes, porque la mente humana no puede concebir el infinito si no es a través de la repetición. Cuando Dickens nos habla de un niño abandonado, en una novela imaginamos muchos. Por un romance que llega a buen fin, suponemos que muchos otros están teniendo lugar de la misma manera.

Para una de mis primeras historias imaginé Oilea. Una ciudad industrial, cansada, en la que el otoño parece eterno. Su calle principal, flanqueada por edificios imponentes, separa a los de siempre —dueños del poder y del relato— de los que luchan por un cambio desde el sur. Los del norte se entretienen en melodías y tradiciones; los del sur, con resentimiento y sueños frustrados. Oilea nació en los márgenes de mis deberes escolares, se expandió entre apuntes universitarios. Cada casa guardaba una historia, un rasgo que la hacía especial.

Había una prueba para distinguir a los iniciados en el Casino de Oilea: una piedra floja escondía un charco que delataba a los recién llegados. Conocer una ciudad va más allá de pasearla: hay que ganarse su confianza. Las ciudades que yo amo, y también las que he inventado, rechazan al esnob y al turista: guardan secretos incluso para sus habitantes, que conocen capas, algunas esquinas, no todas. Cuanto más perfectas en su trazado, más guardan sus secretos: puede ser un clima caprichoso, un viento que enloquece, o ese octubre inmutable que nunca se retira.

Luego llegaron otras: Desrein, la metrópoli de excesos; Indigo, apenas una ciudad. La creación de una ciudad es una experiencia insuperable. Después de eso, incluso inventarse personajes parece algo menor. Con cada nueva urbe, los personajes se vuelven viajeros, buscan horizontes más allá de sus propios límites. Antes se conformaban con escapar de la ciudad en su fuero interno, en las reuniones con sus amigos, con los romances (otra manera de viaje es el cambio de cuerpos que se aman), con los vicios que nublan el entendimiento.

Mi ciudad más reciente, que ya cuenta con casi veinte años, es Soria Moria, un enclave mitológico entre el sol naciente y la luna poniente. Solo los niños conocen el camino. Allí no existe el dolor ni la muerte. Pero por desgracia los niños que intentan llegar hasta ella en mi novela se encuentran asediados tanto por el dolor como por la muerte encarnadas en la Primera Guerra Mundial, que destrozó Europa, a varias generaciones y las esperanzas sobre una evolución coherente del ser humano.

Muchos escritores buscaron en el viaje una respuesta. Algunos murieron lejos, como Quiroga, devorado por la selva, o Atemian, desaparecido en la indiferencia urbana. Otros se aferraron a un lugar como se ama a un cuerpo. Kavafis tejió su obra desde Alejandría, y cantó dos ciudades que lo contenían: Ítaca, símbolo de retorno y espera, y una ciudad sin nombre, en la que nos recuerda que no se puede huir de uno mismo.

Ese poema, «La ciudad», dice lo que ya sabíamos, pero necesitábamos oír de nuevo: ningún lugar nuevo podrá borrarte el alma. Donde vayas, irás contigo. Y allí donde creas haber comenzado de nuevo, te alcanzarán tus viejos fantasmas. «La ciudad irá en ti siempre. Volverás a las mismas calles. Y en los mismos suburbios llegará tu vejez; en la misma casa encanecerás».

Los viajeros han puesto, hemos puesto, su mejor prosa al servicio de las ciudades. Antes de que existiera la fotografía se hablaba de una urbe suspendida sobre el agua, de cúpulas y mosaicos. Marco Polo habló de Cipango, de reinos dorados, y su relato y las fabulosas descripciones de la corte del preste Juan llevaron a otros a cruzar océanos en busca de maravillas («solo he contado la mitad de lo que vi»). Hallaron selvas, pirámides, silencios. En los senderos de Francia se repetía la imagen de una catedral de piedra filigrana, más allá de la cual solo quedaban monstruos.

En muchas ocasiones, los seres monstruosos despiertan más ansias de aventura que los propios anhelos conscientes. Las criaturas de los bestiarios, lejos de quedarse en las páginas, terminaron por conquistar el espacio urbano: se volvieron gárgolas vigilantes, figuras aterradoras esculpidas en piedra, imágenes de cetáceos, unicornios y aves fantásticas concebidas por artistas que jamás contemplaron el océano ni conocieron los cielos que podrían albergarlas. Las urbes, en su estructura concreta, no toleran monstruos auténticos más allá de las ratas, las palomas o los pequeños pájaros comunes. Por eso la imaginación los confina a la penumbra, al subsuelo o a las alturas.

Las ciudades prosperan en la mente porque instauran un nuevo orden; con ellas, se reafirma la lógica y se alimenta el deseo de lo estético. A diferencia de lo rural, íntimo y sentimental, simbolizado en la plaza o su fuente, lo urbano exige adaptarse, luchar y permanecer. Las grandes construcciones del pasado —los jardines suspendidos de Babilonia, las antiguas ciudades de los muertos, la Petra tallada en roca— siguen vivas en la imaginación, pese a su ruina. Como todo aquello que nace de la voluntad humana, adquieren valor cuando pueden palparse en descripciones, cuando se narran en historias, cuando se habitan en fantasías.

Tal vez la ciudad más fascinante que se haya plasmado con palabras y conservado en las páginas de un libro no se halle en la Tierra, sino en otro planeta: las ciudades marcianas que Ray Bradbury imagina en *Crónicas marcianas* constituyen una sociedad refinada, donde los niños se divierten con arañas mansas y los canales conectan a los habitantes mediante una red líquida. Las embarcaciones se deslizan por la arena como si flotaran sobre el agua, y las flores se orientan tras los pasos de quienes las cuidan. Pero un día irrumpe la humanidad, y deja una huella sucia sobre aquel paisaje impecable, como si una mano manchada tocase un vidrio limpio. Marte, arrasado por la codicia y el descuido humano, cede ante la repetición de una misma ciudad, esa que los terrícolas replican una y otra vez sin aprender.

Toda narración necesita tiempo y espacio, sí. Las novelas de corte realista moldean las que alguna vez existieron, devolviéndoles un orden reconocible; las de fantasía hacen todo lo posible para que el lector no olvide el lugar por donde transitó: esas calles, esos escenarios. Los relatos infantiles ya lo enseñaban: aunque no se nombre el espacio, siempre hay uno implícito —«Había una vez, en un reino muy muy lejano...» o quizás aquí mismo, a la vuelta de la esquina—. Una vez que se abre el portón de lo mágico no puede quedar así eternamente: esa fuerza creadora necesita una vía de escape, ya sea un lienzo en blanco, una herramienta, una nota de color. Cuando la técnica y lo abstracto se unen, se abren las ventanas, se cierra la puerta y en el mundo real aparece lo que mucho antes, entre libros, referencias, viajes y mundos interiores, contenía la mente y el sueño.

LOS TRENES FANTASMA

La primera novela que escribí tomó forma en un tren, el medio que prefiero si debo viajar, y más aún si debo hacerlo sola. Durante muchos años, en aquellas tardes lentas y sombrías, cuando las luces delineaban la ciudad a lo lejos, recorría sentada junto a la ventanilla el trayecto que une mi pueblo con Bilbao. Apoyaba la frente contra el cristal, y con una mano sobre un cuaderno, las palabras fluían con la rapidez y la soberbia que solo otorga la juventud. En otras ocasiones leía. Allí, entre las páginas o sobre los raíles, se suspendían el tiempo y el espacio.

El primer artículo que me publicaron en un periódico hablaba precisamente de ese viaje en tren. Relataba cómo cada trayecto era una forma de fuga, cómo la rutina quedaba atrás en cuanto pisaba el andén. Narraba la sensación de novedad constante que tenían tanto el tren como la ciudad, mientras la nostalgia y el viajero parecían siempre muy antiguos.

Mi primera ponencia nació también de un trayecto ferroviario. Frente a mí, una mujer que me observaba desde que tomó asiento rompió el silencio para pedirme algo inesperado: quería saber dónde estaban los barrios bajos de mi ciudad, buscaba un prostíbulo decente al que pudiera llevar a su hijo con síndrome de Down, y no sabía a quién recurrir. Yo, que solía aburrirme de las historias sin interés que me contaban quienes subían sin libro ni periódico, jamás olvidé el temblor de su voz, las cadenitas doradas en su cuello, ni aquel cardado color ceniza de la señora que me lo pidió y a la que yo no supe qué decir.

Hoy sigo viajando en tren (siempre que puedo escoger el tren), y casi siempre lo hago acompañada por libros o debido a los libros que he escrito, que necesitan de cuidados y de promoción, como niños pequeños. Todavía escribo en esos vagones, aunque menos, solo si no me queda más remedio o me acucia una entrega, porque prefiero que una conversación inesperada con un extraño dé lugar a un relato breve, una reflexión, o simplemente al asombro de descubrir vidas que apenas rozan la nuestra, pero comparten el mismo tiempo y espacio. Me siento más vieja y más fatigada: deseo con menor intensidad, y los pequeños fracasos me duelen con una amargura que antes no conocía. Tal vez la vida adulta que tanto buscaba, la verdadera, habite en algún otro lugar y yo aún no he llegado allí.

Con los años llegan revelaciones dolorosas; las ciudades perduran, las personas se marchan. Otras veces es al revés, las ciudades ya no son las mismas, pero las personas no cambian. Sea como sea, en ningún lugar me siento tan en casa como en un tren: he recorrido el norte de España en el Transcantábrico; me he marchado de Haworth, en la tierra de las Brontë, en un tren de vapor, y he dormido en el tren más literario de la historia: el Orient Express.

Ah, sí, la leyenda.

Afuera, el paisaje galopa, pero dentro el tiempo se ha detenido.

Me encuentro en mi cabina. La luz de la tarde se apaga lentamente, brizna a brizna, mientras nos aproximamos a Innsbruck y la nieve cae sin tregua al otro lado del cristal. Pasaré solo una noche a bordo del Orient Express: partí de Venecia esta mañana y al alba habré llegado a París. El tren, sin embargo, continuará su ruta legendaria —la misma que Agatha Christie convirtió en una trama de crimen e ingenio— desde Estambul hasta Londres. A su paso, las ciudades más hermosas del continente —Praga, Budapest, Venecia, Roma— se desperezan en las estaciones y se ofrecen sin el menor reparo, cada una compitiendo con la anterior y la siguiente, conectadas por la línea de hierro.

Ah, sí, la leyenda: cada elemento del Orient Express parece extraído de una historia ya agotada. El azul oscuro, profundo, inconfundible, de sus vagones con filetes dorados, las pequeñas lámparas rosadas, una luz cálida que titila como luciérnaga en movimiento. Cada parada, cada gesto, sigue un rito. Las leyendas necesitan del tiempo. Se forjan en los márgenes del pasado y se refuerzan con la repetición. Este tren ha alimentado su historia durante más de cien hábitos reiterados: el té servido con esmero, la ropa elegida para la cena, el piano de cola atornillado al suelo del bar. ¿Quién soy aquí, quién quiero ser?

Me arrebujo en la cabina como en una cuna antigua de madera pulida y terciopelo mientras el Orient Express corta la noche en dos. Desde la ventana empañada apenas distingo el contorno de una ciudad que se repliega sobre sí misma, cubierta por una neblina azulada. Dentro, la calidez del tren me encierra en una cápsula de silencio y luz dorada. Todo está en su lugar: la bandeja con frutas, la lámpara de lectura que emite un suave resplandor, el tintineo lejano de la cristalería en el vagón restaurante. Me siento suspendida en un tiempo que no es el mío, y, sin embargo, cada instante parece más auténtico que todos los días vividos fuera de este tren. Aquí soy muchas. Aquí no tengo un nombre, o quizás los tengo todos.

Soy la baronesa Zofia Rózewicz. He dejado atrás Varsovia con un equipaje de luto que no corresponde al clima ni al ánimo de la estación. El abrigo oscuro, los guantes negros, el velo fino sobre los ojos, todo ello responde más a una necesidad de esconderme que a una pérdida concreta. Mi marido vive. Respira aún bajo la lámpara verde de su despacho, redacta cartas comerciales, entre libros de cuentas y retratos familiares. No he enviudado, y, sin embargo, camino como si él llevara años bajo tierra. Me dirijo a París con un pretexto leve, una exposición floral, una invitación diplomática, alguna nimiedad con membrete. En el bolso de mano guardo cartas que no leeré, nombres que ya no significan nada. Viajo sola, pero no estoy libre.

El matrimonio fue, como tantos, un pacto sellado entre copas de coñac y apellidos viejos. Casada a los veinte con un hombre tres décadas mayor, sellé mi juventud en un sobre lacrado que nadie ha abierto desde entonces. Él era influyente, correcto, generoso a su manera; pero tenía los dedos gruesos, la voz fatigada y una forma de mirarme que me humillaba. Sus manos olían a betún y a papel mojado. Su afecto se contentaba con enviarme flores cuando lo dictaba el calendario y en dejarme joyas sobre la mesilla de mi dormitorio sin entablar conversación. No me pegó nunca. No me gritó jamás. Su crueldad era mucho más limpia que todo eso. Me ignoraba con cortesía, silenciaba mis gestos con una frase despectiva, me convertía en un adorno sin polvo. A ojos del mundo, soy una esposa afortunada. A ojos del mundo, soy la baronesa Rózewicz: un apellido que se pronuncia con reverencia y se olvida con rapidez.

Pero bajo los velos, bajo el aburrimiento y el gesto contenido, habita otra mujer. No sé bien su nombre. A veces creo que se llama Zofia también, pero es otra: la que sueña con manos jóvenes, con risas compartidas en una posada sin protocolo. La que aún recuerda, como quien acaricia el borde de un sueño, el baile en Cracovia donde un oficial le rozó la muñeca al entregarle una copa. Tenía los ojos claros, y hablaba poco. Le bastó una caricia. Yo no lo he olvidado.

Esta noche me he vestido de seda azul. Es un gesto inútil, o tal vez una súplica muda. El mayordomo me ha dicho un piropo afectado. Le he sonreído. Quiero que crea que me complace. Me gusta ese juego: insinúo lo que no ofrezco, sostengo la mirada un segundo más, dejo una sombra de perfume en el pasillo. No soy cruel. Simplemente no tengo otra forma de sentirme viva.

París me espera, sí. Pero no es la ciudad lo que deseo. Es el trayecto. El tren. Esta suspensión leve en el tiempo. Aquí, lejos del apellido y del anillo, lejos de la casa donde las cortinas no ondean ni cuando hay viento, puedo fingir otra vida. El vagón comedor me recibe con su música tenue, con su cristalería que parece brillar únicamente para mí. El mozo me guía con una deferencia que me hace creer que me confunde con otra. Quizás él también inventa historias sobre mí. Que soy viuda de un diplomático. Que huyo de un amante celoso. Que soy una espía con pasaporte falso. Me dejo mirar. Me dejo inventar. Porque esa otra que imagina quizás esté más cerca de lo que soy que la esposa obediente que dejé en Polonia.

Quiero que la nieve no cese. Que el tren no se detenga. Que esta noche se dilate hasta que se borre la geografía que recorro. En cada curva, en cada sacudida, siento que se afloja un hilo de esa vida que no es mía. El Orient Express me acaricia como ningún hombre ha sabido hacerlo: en silencio, con todo su misterio, hacia un destino incierto.

Y yo, Zofia o lo que quede de ella, solo deseo que la madrugada no me devuelva lo que fui.

Un crujido de raíles. Una sacudida leve. El mundo cambia de color. Ahora soy Edith Lawson. Tengo diecinueve años, vengo de Kent, y este es mi primer viaje en solitario. He ahorrado durante cuatro años para regalarme este trayecto. Conté cada libra ganada con dedos impacientes y el resto, hasta lo que faltaba, lo completó la herencia de mi madrina. En mi bolso de mano llevo una edición de Kipling, subrayada en las páginas donde los personajes huyen hacia lo desconocido, y un cuaderno donde dibujo lo que no me atrevo a decir. Dibujo a lápiz, con líneas tímidas que apenas rozan el papel, como si temiera que alguien pudiera leerme.

Mis padres me despidieron con lágrimas, orgullosos de su hija única. Mi madre me abotonó el abrigo como si aún tuviera ocho años. Mi padre, que rara vez muestra emoción, me dio una carta doblada en cuatro, que aún no he leído. Dicen que me esperan en dos semanas, porque no lo saben: no pienso regresar. No sé aún adónde voy, pero sé que no es de vuelta a casa. Lo que he venido a buscar no tiene nombre ni forma. Es algo parecido a la libertad, o a la belleza. Algo que me está destinado, aunque aún no sepa cómo reconocerlo.

En el vagón biblioteca he conocido a un joven alto, con gafas redondas y voz suave. Dice que es periodista. Tiene la mirada de quien ha leído demasiado pronto todas las malas noticias del mundo. Me ha preguntado si dibujo flores por costumbre o porque no sé dibujar otra cosa. Le respondí que aún no sé dibujar la belleza. Él asintió, como si esa respuesta le bastara. Como si también él estuviera buscando algo que no se puede nombrar. Me habló de ciudades que no he visto y de autores que aún no entiendo. Y luego se marchó, como si supiera que una conversación breve puede ser más íntima, más inolvidable, que una larga.

Esta noche me he puesto un vestido blanco, sencillo, pero nuevo. Lo compré en una tienda de segunda mano de Folkstone. Nadie podría averiguar que me costó tan poco. El comedor me ha parecido un templo: las lámparas colgantes, los cubiertos brillantes, la manera en que las manos se posan sobre las copas con un gesto casi litúrgico. Todo me resulta extraordinario. Hay algo sagrado en esta manera de vivir, como si el mundo, por un instante, pudiera ser armónico, bello, ordenado. Me he observado en el espejo de la cabina, y por un segundo me he gustado. No tanto por lo que soy, no soy gran cosa, sino por lo que puedo llegar a ser.

Pienso en la tienda de sombreros donde trabajé dos años. En las tardes de lluvia, en los clientes groseros, en el polvo dulce del fieltro viejo. Y me digo que he hecho bien. Que este tren no es solo un capricho, sino un umbral hacia el que me muevo. Me digo que he empezado a caminar por una línea invisible que me aleja, por fin, de todo lo que me ahogaba.

Cuando vuelva a casa —si es que vuelvo— llevaré en los ojos esta luz tibia, esta música que flota como humo en el vagón, esta certeza: pertenezco a un mundo que aún no me reconoce. Pero un día lo hará. Un día, quizás, alguien mirará uno de mis dibujos y entenderá que ahí estaba todo: el miedo, la esperanza, la gloria.

Esta noche no he dormido. He escuchado cómo el tren avanzaba como un animal tranquilo. He visto mi reflejo en el cristal de la ventana, fundido con la sombra del bosque. He sentido que algo se abría dentro de mí, como una flor muy pequeña, y he comprendido que estoy viva. Y que eso, solo eso, ya lo cambia todo.

El tren no se detiene, pero yo cambio. Soy Helga Winter, y mi pasaporte alemán es falso. En realidad, nací en Praga. Hablo cinco idiomas. Mi especialidad son los silencios. Trabajo para una oficina que no tiene nombre y que me instruyó en el arte de desaparecer. Viajo sola, y no por placer. En mi compartimento llevo escondido un pequeño sobre con negativos fotográficos. Mi misión me lleva a entregarlos en París. No debo hablar con nadie, no debo destacar. Pero me cuesta. He sido entrenada para ello, pero no soy de acero.

Esta noche, en el bar, un músico ha interpretado un vals que me recordó a mi infancia. He cerrado los ojos. He sentido que lloraba, pero sin lágrimas. ¿Qué significa vivir así, desdoblada, disuelta en los papeles que me dictan? Hay una mujer francesa que me sonríe cada vez que coincidimos. A veces imagino decirle la verdad: que tengo miedo, que no sé si volveré a Praga, que el nombre que uso hoy no es mío. Pero no lo haré. Esta vida es una habitación cerrada. Y el Orient Express, con su tapicería intacta, solo un pasillo largo que atravieso con pasos silenciosos.

A veces escribo frases en mi libreta, sin firma. Me obligo a recordar detalles mínimos: el color de una bufanda, el sonido de una maleta cuando la arrastran, la expresión de los hombres que no se saben observados. Estoy entrenada para eso, para mirar sin ser mirada. Finjo que me interesa el menú mientras calculo el tiempo entre las estaciones. No debo desear nada, pero esta noche he deseado quedarme y que París no llegue nunca. Quisiera perderme entre las habitaciones de este tren como si fueran una ciudad que me recibe sin preguntas.

En el vagón restaurante he visto cómo un matrimonio inglés discutía en voz baja. La mujer lloraba sin lágrimas, como yo. Él apretaba los labios, como si masticara la culpa. Me pregunté si ella también tiene secretos, si él sospecha. Si algún día alguien sabrá lo que cargo en el doble fondo de mi maleta. Los negativos, sí. Pero también cartas que no envié, nombres que tuve, las voces que imité para sobrevivir.

He cambiado tantas veces de papel que ya no sé si el original sigue intacto. ¿Fui alguna vez otra? ¿O esta máscara no tapa nada, sino que crea algo? En Praga tenía una hermana. Se llamaba Klara. Me escribía postales con dibujos de aves. Cuando acepté esta vida, rompí la última que me envió. Un petirrojo sobre la nieve. Desde entonces, cuando veo un pájaro en invierno, siento que mi garganta se cierra.

Mañana llegaremos a París. Debería dormir, repasar el protocolo, borrar con cuidado mis huellas. Pero no quiero. Prefiero quedarme aquí, donde nadie me conoce, donde no tengo historia, donde puedo mirar por la ventana como una viajera más, una mujer sin encargo ni deberes, con un nombre verdadero y una infancia intacta. Sé que no es cierto, pero aquí, en este tren detenido entre la noche y el hielo, todo parece posible durante un instante.

Soy ahora Amélie Dutoit. Tengo cuarenta y dos años. Vivo en Lyon. Mi marido murió hace tres años, y desde entonces viajo. He descubierto algo que no sabía: mi cuerpo aún responde al deseo. En los hoteles, en los cafés, en los trenes como este, me descubro con una nueva sed. Esta noche un hombre ha dejado una nota bajo mi copa. No decía nada más que «ce soir». Tampoco necesito más. Mi vestido es granate, ceñido en la cintura. Me he puesto perfume detrás de las rodillas. No hay culpabilidad, solo, quizás, una urgencia tranquila. El Orient Express me ofrece lo que la vida cotidiana me niega: la posibilidad de reinventar mi historia.

No soy la viuda recatada que todos esperan ni la madre abnegada que aún responde cartas de sus hijos. Esta noche soy una mujer que camina con paso firme por el vagón restaurante. La orquesta toca un swing discreto. El mozo me guiña un ojo. Y yo sé que, bajo esta luz tenue, bajo este ritmo que se desliza entre copas, la carne aún es carne.

El deseo no arde, solo me envuelve. No es un fuego impaciente, sino una brasa tibia que se aloja en la nuca, en los dedos, en la forma en que cruzo las piernas. Nadie me enseñó que la madurez podía ser una apertura. Yo pensaba que me dirigía hacia la clausura, el recogimiento, la sombra. Pero desde que estoy sola, me he vuelto transparente ante mí misma. Me observo como si fuera otra, y esa mirada es nueva, casi indulgente. No quiero juventud, quiero intensidad. No pido amor; me basta un eco de conexión. Una conversación que me roce, una mano que sepa dónde detenerse.

Esta tarde he paseado por el pasillo como quien pasea por su memoria. He visto mujeres que fui y que ya no soy. La recién casada que temblaba de miedo en su noche de bodas. La madre que contaba las horas entre tomas. La esposa que fingía dormir para evitar las maneras tibias y rutinarias de un marido cansado. Todas esas versiones de mí misma me miran con cierto asombro. Y yo les devuelvo la mirada con una sonrisa nueva: he vuelto a desearme.

En mi camarote hay una botella de licor de ciruelas y un libro de Colette. He dejado una página marcada, como si esperara regresar a ella. Pero esta noche no quiero leer. Vivo dentro de esta suspensión que el tren me regala: la noche sin historia, el instante antes de que todo se decida. El hombre de la nota me ha vuelto a mirar. No sé su nombre ni me importa. Lo importante no es él, sino lo que despierta: esa parte de mí que no ha muerto, que no está domesticada.

Cuando mis hijos me preguntan por qué viajo tanto, les respondo con evasivas. No entienden aún que no huyo, sino que me busco. Y en este vagón, entre copas de cristal y cortinas de terciopelo, entre pasos suaves y miradas sostenidas, me encuentro.

Tal vez mañana regrese a Lyon y prepare estofado para uno. Tal vez mañana vuelva a escribir postales que no envío. Pero esta noche no. Esta noche soy una mujer oscura, como el vino. Esta noche soy Amélie Dutoit, y no le debo explicaciones a nadie.

Ahora soy pequeña. No tengo más de siete años. Me llamo Emilia. Me ha adoptado una pareja italiana. No comprendo del todo qué ocurre. Esta es mi primera vez en un tren, y todo me asombra. Las paredes de madera brillante, las flores en los jarrones, las cortinas suaves. Mi madre nueva me acaricia el cabello. Me dice que iremos a París, que allí viviré en una casa con gatos y un jardín. La creo. Pero hay una tristeza que no sé explicar. Anoche soñé con mi madre anterior, la verdadera, aunque su rostro ya se desdibuja. Sé que está muerta. Pero en mi sueño cocinaba sopa y me decía que pronto volvería. Desperté sin llorar. En este tren todos me miran con dulzura. Una señora me regaló un caramelo envuelto en papel dorado. El mayordomo me habla en francés. Yo asiento aunque no entiendo. Mi padre nuevo me toma la mano y me señala por la ventana una montaña que parece un pastel nevado. Me esfuerzo por grabar cada detalle. Sé que este tren es una frontera. Que nunca volveré a ser quien fui.

He aprendido a guardar silencio. Nadie me lo enseñó. Es como si el silencio se hubiera instalado dentro de mí la tarde en que todo cambió. Ya no hago demasiadas preguntas. Observo. Miro los labios que se mueven en idiomas que aún no entiendo, los gestos amables que no sé si imitar. Mi madre nueva lleva guantes blancos. Huele a lavanda y a algo más, algo que me recuerda a las flores secas del cajón de la abuela. Me ha comprado un sombrero pequeño, azul claro, con una cinta. Me lo puso esta mañana como si yo fuera una muñeca frágil. He sonreído, aunque por dentro sentí que me disfrazaba de otra niña, una que no soy.

Me gusta el sonido del tren. Es como un corazón que late sin parar. Me ayuda a no pensar. Cada vez que pasa alguien por el pasillo espero que me digan algo, pero al mismo tiempo me asusta que lo hagan. Hay una ternura que me incomoda. Como si todos supieran algo de mí que yo no sé. Como si supieran que he perdido algo que no puedo nombrar.

A veces creo que recordar es como mirar por la ventana en la noche: ves tu reflejo mezclado con lo que está afuera, y no sabes bien qué es real. Anoche creí ver a mi madre en el cristal. Parpadeé muchas veces, pero su cara no se fue. Me quedé quieta, respirando despacio, por si el sueño volvía. No volvió.

Mi padre nuevo me ha regalado un libro con dibujos. Dice que pronto iré a la escuela, que aprenderé francés, que tendré amigas. Yo asiento. Me esfuerzo en imaginar esa vida nueva: los gatos, el jardín, una habitación con juguetes que no reconozco. Pero mi cuerpo aún pertenece a otro sitio. A un piso con ventanas sucias y una cocina que olía a pan viejo. A una voz que cantaba bajito cuando llovía. No sé si podré contarle eso a alguien. Tal vez lo olvide. Tal vez lo guarde como se guarda una piedra en el fondo del bolsillo: pequeña, pero con su peso.

Este tren brilla, resplandece como una promesa. Todos sonríen. Todos parecen saber adónde van. Yo también sonrío. Yo también asiento. Pero soy como una hoja que el viento ha colocado aquí. No tengo raíces aún. Solo este nombre que me dieron, este abrigo nuevo, esta maleta pequeña donde todo cabe. Mi mundo cabe en una valija de cartón. Mi pasado se esconde entre las costuras.

Cuando lleguemos a París, me llamarán *hija*. Me enseñarán a decir «bonjour», a escribir mi nombre con letra redonda, a besar a la hora del saludo. Pero esta niña que soy, la de antes, la que perdió y no entendió, seguirá aquí, callada, mirando por la ventana, y tratará de recordar el sabor de una sopa que ya no existe.

Sí, yo soy todas y me he inventado a todas. Y sin embargo, algo permanece. Una mirada común, una raíz invisible. En cada identidad, algo mío se repite: el anhelo, la fuga, el deseo de inventarme de nuevo. El Orient Express es más que un tren: es un espejo que me refleja distinta en cada estación. Es una oruga azul que atraviesa países y vidas, que guarda secretos en cada vagón, que convierte la rutina en mito. Las luces parpadean, el paisaje se desliza como una película muda. Estoy sola y no lo estoy. Soy todas las que he sido. Y todas me pertenecen.

El Orient Express continúa su viaje con su tiempo detenido, con su leyenda intacta en cada puerta, en cada pasillo, en cada rincón. Todos los personajes que fui durante esas horas se esfuman...

Ahora yo soy el paisaje.

TAN CERCA, TAN LEJOS

En algún momento cumplí mi palabra y me marché de la tierra en la que nací. Fue mucho después de saber que yo ya no pertenecía ni a Álava, ni a Vizcaya, ni a los valles en los que había crecido, sino a los paisajes que creaba y que inventaba en mi cabeza. Me costó marcharme de allí: no me engañaba con el pensamiento indulgente de que solo serían unos años, y que regresaría a lo que había conocido. No, yo volvería de vez en cuando, pero ya no sería para pertenecer a mi tierra, sino para hablarle a otros de ella, para mostrarla o intentar entenderla de nuevo.

Crecí en el valle de Ayala, una lengua de tierra que pertenece a Álava, pero que se parece a Vizcaya, y que se aparta de Vitoria, una madre lejana, para prestar atención a Bilbao, la madrastra solícita. No es muy conocido: hay valles más hermosos, pero este es el mío, y ninguno me gusta más. Vengan, síganme: yo los guío.

No tengan apuro: avancen despacio, atentos a los matices discretos, a eso que se esconde tras el primer vistazo. Cualquiera puede contemplar la silueta recortada de la Sierra Salvada, las nubes que se enganchan en las crestas como retazos de lino deshecho, pero se requiere constancia para descubrir, en las hendiduras, los antiguos pozos de nieve donde el hielo, guardado bajo capas de heno, perduraba hasta bien entrado el verano, cuando lo bajaban de noche en bloques para preparar refrescos durante los días abrasadores de agosto. El ganado, con su mirada serena y sin edad, rumia el tiempo en las laderas. Cuando el otoño cae, se forma un tapiz de tonalidades rojizas; hay que escarbar entre las hojas para hallar los sombrerillos impertinentes de las setas, como si fueran pequeños copos de crema.

No tengan apuro: observen el Nervión, que se desliza por el fondo del valle con la tranquilidad de quien confía en que el destino llega por sí solo, y que lo verdaderamente valioso es el trayecto. Hay un encanto singular en la curva del puente de Vitórica, que durante mucho tiempo se creyó romano y que ahora sabemos de época más reciente, una persistencia que le ha permitido resistir crecidas y desgaste. O en el sobrio estilo neoclásico del de Anuntzibai, muy próximo a un molino que una vez domó el cauce: cualquiera distingue el curso del agua, pero hace falta intuición para notar que la vía del tren sigue el contorno del río, y que, al subirnos a él, podemos imaginar que viajamos, en realidad, sobre un navío.

No se apresuren: hagan una pausa en la cruz de Malato, como antaño lo hicieran los hombres de armas del señorío de Vizcaya. Hasta allí llegaban por lo que se les debía. Si se les reclamaba que continuaran más allá, exigían un nuevo pago. Y si no lo obtenían, dejaban caer las armas al pie del árbol que un día ocupó el lugar de la cruz.

Porque, pese a las suaves ondulaciones del terreno y al aire sereno del paisaje, esta ha sido tierra de linde y de contiendas, como lo prueban las torres señoriales dispersas por los altos, con sus ojos estrechos y defensivos, ahora adornados con geranios que los dulcifican. Algunas fueron reducidas a cenizas, otras se desmoronaron y sus piedras sirvieron para levantar los caseríos que puntean las lomas, cuando el tiempo apagó las guerras entre apellidos. Aquí surgieron linajes tenaces, con mujeres de sangre noble que no sabían firmar su nombre en un acuerdo, pero que luchaban con uñas y dientes por lo que consideraban propio.

Sigan hurgando en las capas del pasado: encontrarán lo conocido, al ilustre canciller de Castilla, don Pedro López de Ayala, figura del siglo XIV, político hábil y sensato, de carácter conciliador, traductor de Boccaccio, Tito Livio y san Isidoro. Y más que eso: pionero de la historia moderna con sus *Crónicas de los reyes de Castilla*. Pero si insisten y escarban con calma, verán que en Shakespeare, en su *Enrique IV*, aparece sir Walter Blunt, que cae en combate al ser confundido con el monarca. A su lado, silenciosa y firme, aparece doña Sancha de Ayala, su esposa, que marchó a casarse lejos de su tierra, bajo el amparo de la Casa de Lancaster.

No se apresuren, hagan un alto. Lean un poco más en uno de los bancos del parque de Lamuza, aquel antiguo vergel botánico de los marqueses de Urquijo que casi desapareció en 1983. Allí, entre setos laberínticos, crecen cedros del Líbano, magnolios, moreras. Hay un estanque cubierto de nenúfares y varios cenadores que se encaraman hacia la ladera. El palacio, con su arquitectura elegante del XIX, evoca las risas y danzas de otros tiempos: la reina Victoria Eugenia luce perlas traídas del oriente, el pintor Sorolla con sus ojos sedientos de luz, o el presidente Eduardo Dato entre discursos y jardines.

No se dejen llevar por lo que parece: aquí nacieron espíritus intrépidos y voluntades firmes. Sangre que nunca se aquieta, que late con fuerza bajo las praderas húmedas y los robles centenarios. Gente que cruzó el océano rumbo a América o se lanzó al Pacífico, como Íñigo Ortiz de Retes, el ayalés que avistó Nueva Guinea. Pero todos, sin excepción, presumían de raíces hondas y eran incapaces de rendirse. Esta tierra impacienta a los que juzgan al instante, a quienes temen lanzarse a lo desconocido. Hay mucho que ver, sí, pero aún más que contemplar: con lentitud, cómo el paisaje ha modelado el alma, y viceversa.

Sobre los muros caldeados por el sol de las ermitas de Santa Lucía y de Santa María del Yermo se deslizan las lagartijas. Y en un susurro, desaparecen. Así es nuestra mirada a esta comarca: breve, inquieta, fugaz. Pero esas piedras siguen ahí, testigos del culto, de los antiguos caminos, del hielo que suavizó sus contornos y de la lluvia que da vida al valle. Regálenle su tiempo: aquí, más que en otros lugares, merece la pena descubrir lo que se esconde tras la superficie.

La capital de la provincia es Vitoria, que, tan diferente de mi valle, comparte con él algunas de sus características. No se conoce Vitoria en una primera visita. A Álava se llega casi siempre por azar, en medio de un itinerario; porque un contrato útil nos ha llevado hasta allí, o porque una oposición, vencida con desvelo y noches largas, nos ha anclado en una llanura que en invierno es dura como piedra y en verano, ardiente como hierro al sol. Así que uno acaba quedándose: por convicción o por inercia, como un lento drenaje de vitalidad.

Vengan, porque lo que vale la pena rara vez es sencillo. Resulta fácil dejarse cautivar por el brillo metálico de Bilbao, por esa ría transformada en vena viva que ha reinventado su ciudad. O por la costa afilada de San Sebastián, donde confluyen viento, mar y monte, con un prestigio internacional bien merecido y que levanta más de una ceja envidiosa. Ciudades deslumbrantes, vencedoras.

Ante eso, Vitoria no hace grandes alardes. Es la pariente discreta, reservada, que no sabe bien cómo ni cuándo competir con los que brillan. Es quien preparó exámenes cuando había que hacerlo, quien dijo al primo visionario que no levantara un museo ni apostara por festivales de cine. Se ha equivocado tantas veces que es la prima sensata, de belleza tranquila, que sabe mantenerse firme ante cualquier vaivén.

Vitoria, discreta por naturaleza, ha preferido siempre la sensatez al alarde. Se habrán dado ya cuenta. Mientras Bilbao exhibe su audacia y San Sebastián su obstinación elegante, la capital alavesa ha cultivado una sobriedad burguesa que la ha hecho sede del Gobierno vasco. Su elegancia, aunque presente, rara vez se proclama: las ciudades sabias permiten que la estética hable por sí sola.

En una de las ocasiones en las que me quedé a dormir en la ciudad, vi un corzo por el sendero de Zabalgana; era una mañana fría de marzo, cuando la escarcha todavía sostenía los bordes de las hojas. Lo vi detenerse un instante entre las ramas, con la respiración suspendida y los músculos tensos, como si dudara de la realidad que lo rodeaba. Fue una aparición breve que me recordó que Vitoria sigue teniendo secretos. Y algunos aún tienen forma de animal asustado.

Me preguntarán por qué los he traído aquí, a esta ciudad donde no pasa nada con estrépito, donde la fama parece una palabra extranjera. Y yo no sé qué contestar sin recurrir al instinto. Quizás porque Vitoria, como ese corzo, no necesita exhibirse para ser. No se impone. No alardea. Observa. Y espera.

Hay ciudades que viven de su relato. Bilbao, por ejemplo, ha escrito su leyenda con un museo y con su nostalgia industrial. San Sebastián brilla como una postal detenida, perfecta en su anacronismo marítimo. Pero Vitoria se ha mantenido al margen, discreta, como si supiera que el verdadero valor está en lo que no se dice, en lo que permanece. Tal vez por eso, cuando por fin empieza a ocupar espacio en los libros, en las crónicas culturales, en los catálogos turísticos que la nombran como ejemplo de ciudad verde, lo hace sin estridencias. Como una señora que ha envejecido con dignidad y se sorprende un poco al verse reflejada en un espejo nuevo.

He leído varios libros ambientados en Vitoria, algunos de ellos muy populares. Unos intentan capturar el alma de la ciudad desde la arquitectura —la restauración sin prisas de Santa María, las calles empedradas del Casco Viejo que no han cedido del todo al comercio de recuerdos—; otros lo intentan a través del crimen, con novelas negras que convierten sus plazas en escenarios de intriga. Me alegra que se escriba sobre Vitoria, pero también me inquieta. Hay algo en su misterio que no quisiera ver profanado, como si nombrarla demasiado pudiera romper el hechizo.

¿Paseamos? El paseo por Vitoria pasa por aceptar una especie de lentitud espiritual. No es solo la calma con la que se mueve el tranvía ni la manera en la que el viento remueve los eucaliptos del paseo de la Senda, sino el modo en que uno mismo acaba bajando el volumen de sus pensamientos. Es una ciudad que se vive hacia dentro. Quizás por eso muchos de sus habitantes parecen mirar de soslayo. No es desconfianza, sino reserva. Un hábito de recogimiento que a veces se confunde con frialdad. Lo notarán al principio, pero con el tiempo aprenderán a traducir esas miradas: no les preguntaban qué hacen aquí, sino si saben estar. Si entienden el ritmo secreto de la ciudad.

Y no será inmediato, pero aprenderán que el invierno aquí no es un enemigo, sino una forma de contención. Que el gris del cielo no ahoga, sino que cuida de los suyos. Y que, aunque cueste creerlo, hay primaveras, breves pero intensas: los cerezos del campus estallan como una disculpa tardía, los mercadillos se llenan de libros de segunda mano que alguien acarició antes de olvidar. Libros con anotaciones al margen, con dedicatorias escritas en tinta azul. Libros que también cuentan una ciudad.

Zabalgana, que antaño fue campo y después campo con grúas, se ha convertido ahora en una frontera porosa entre la naturaleza y la urbanización. Allí, cuando no pasan niños en patinete o ciclistas con prisa, los perros siguen el rastro de los zorros, de algún jabalí despistado que se aventura demasiado. Esos animales son la memoria viva de lo que fue y se niegan a rendirse del todo. Y que Vitoria, pese a las reformas, las políticas de sostenibilidad, los *rankings* internacionales y los foros de ciudades del futuro, sigue siendo un lugar en el que cabe la sombra de un bosque.

Los cambios culturales han sido sutiles pero constantes. Ahora se organizan ciclos de cine de autor en salas pequeñas, lecturas poéticas en bares que cuelgan luces tenues y sirven vino joven. Se habla más que antes. De feminismo, de migración, de euskera, de memoria. Se escribe más. Se baila también, aunque sin mucha convicción, como si el cuerpo todavía no creyera del todo que está permitido moverse aquí. Pero ocurre. Lento. Sutil.

Vitoria no te abraza, pero tampoco te empuja. Te deja estar. Te permite mirar desde sus colinas cómo el mundo se acelera en otras partes, mientras aquí el aire conserva la misma densidad de cuando eras niño, de cuando aún creías que los atardeceres podían durar más de una hora.

Y esa quietud, que en otros lugares podría ser conformismo, aquí transmite una especie de sabiduría.

Piensen, en la plaza del Machete, en los hombres y mujeres que juraban allí su cargo con una mano en el acero. Qué extraña mezcla de honor y miedo debía palparse en el aire. Hoy ya nadie jura. Pero yo, sin que nadie me lo pida, hago un pacto silencioso cada vez que paseo por estas calles. Me digo que no lo contaré todo.

Tanto Vitoria como Álava poseen una hermosura sutil, alejada de los cánones meridionales. Los bosques regenerados muestran ahora una paleta de verdes que solo quienes recuerdan las oscuras plantaciones de pinos americanos pueden apreciar plenamente. Durante años solo hubo ese verde denso en las montañas, se mirara donde se mirara, plagado de hileras de procesionarias.

En esas laderas repobladas me siento como la niña que exploraba herbarios y buscaba criaturas en el bosque cercano, tan próximo que imponía respeto. Al alejarse del País Vasco se extrañan muchas cosas, pero sobre todas ellas la cercanía del mar y la montaña, el azul y el verde, la vastedad que nos rodea. No añoro la lengua ni las casas, de donde crecí: pero los lugares, ah, los lugares...

Esta es una tierra de corazón duro, pero quien se acerque al parador de Argómaniz debería conocer algo del Gorbea y su leyenda; en su cima, una cruz de hierro simboliza el amor. O la muerte. Los enamorados prefieren creer en lo primero. Las historias de amor vascas son suaves y románticas: invitan a la amada a contemplar el monte para sentir el amor que él percibe. Apenas se roza una mano, o la cintura, en una invitación al baile... Los vascos son un pueblo que baila en la cima de los Pirineos.

Nos cuesta hablar de amor, salvo que el objeto de la pasión sea la comida. La gastronomía local tienta incluso a los más estrictos penitentes. No es una región clemente con las dietas. Siéntense, coman. Coman más. Otro poquito más. Dejen un espacio para el postre. Los dulces alaveses son impresionantes y seductores: desde las trufas de chocolate y nata, pequeños bocados de pecado, hasta los pastelillos de colores, verde pistacho y negro cacao. La sidra y el vino encuentran aquí una tierra fértil y hedonista. En la mesa, ahí sí, todo se supedita al placer.

El alcohol, aunque pocas veces mencionado, tiene su lugar. A pesar de las temperaturas extremas, los vinos y licores alaveses han dado nombre a caldos conocidos: cerca de donde me crie el vino quinado San Roque era reservado para visitas u ocasiones especiales. Convertía las lenguas en algo espeso y lento, y medía hasta qué punto alguien podría considerarse sensato o alcohólico. Desde la ventana de la primera casa de mis padres se divisaban algunos caseríos, que luego se tragó la expansión del pueblo, cada uno con sus huertos de verduras mimadas, cada uno con sus vides para vino y sus parras para uvas. Además, los viñedos minúsculos se transformaban con los años en negocios prósperos en la Rioja Alavesa, y los pacharanes, muy aromáticos, preludiaban sesiones de mus y charla.

Es injusto que algunos vean en los alrededores de Vitoria solo una estepa árida. Podrían adentrarse hasta los montes fronterizos con Vizcaya y los valles verdes, nevados en invierno. Quienes se aventuren al sur verán ciervos entre las espigas de grano desechadas; quienes visiten Orduña podrán merendar entre flores de azafrán en los montes de Oro. Hay granito y musgo, robles veteranos y mucha vegetación. Álava, con su cabecita de piedra, Vitoria, carece de mar y vistas convencionales. Vitoria se construye lentamente, con su catedral tambaleante. Esa catedral de encaje ha atraído la atención de muchos extranjeros, que pasean admirando el trabajo sobre el mármol.

Pero para mí, esa catedral, por hermosa que sea, no refleja la esencia de esa tierra. En el valle donde crecí existía un fin del mundo: ese árbol Malato del que ya les hablé. ¿Recuerdan la historia? ¿La han oído alguna vez? De niña me llevaron a conocerlo y a escucharla. Ocurrió en la época medieval, alrededor del siglo IX.

Juan Zuria, hijo de una princesa escocesa, fue elegido por los vizcaínos para combatir las fuerzas del rey de León, que habían arrasado las tierras vascas. Protagonizó la batalla de Padura, donde se vertió tanta sangre que las piedras enrojecieron, y el lugar se llamó Arrigorriaga (*harri* 'piedra' y *gorria* 'rojo'). Los vascos persiguieron a los leoneses hasta Luyando, donde arrojaron las armas y regresaron a sus hogares. Allí se fijó la frontera del Señorío de Vizcaya. El resto ya lo saben. Si, por alguna escaramuza, el señor obligaba a sus vasallos a cruzar más allá, tenían derecho a negarse o exigir una soldada a cambio. Clavaban sus armas en el tronco del árbol y aguardaban. Más allá comenzaba otra tierra.

El árbol sobrevivió ochocientos años y desapareció en 1603. Una cruz lo sustituyó y, con el tiempo, se plantó allí un esqueje del roble de Guernica. Ese era un reino antiguo, que finalizaba a unos kilómetros de la casa donde me crie, en el corazón de Álava, de esta tierra desconocida y antigua. Una visión de otro mundo y de otra época para el viajero.

¿Y qué se llevarán para casa? Hasta ahora gran parte de ese encanto de lo local se ha preservado, pero desaparecen, como tantas otras cosas auténticas. Los días del pequeño comercio están contados. En un momento en que se proclama y defiende la idea de identidad nacional, las tiendas que caracterizaban cada zona agonizan por aburrimiento y abandono. En los últimos años, incluso cuando se anunciaba una tímida recuperación de la inacabable crisis, lo único que une las distintas geografías es la desaparición de los comercios tradicionales; los más afectados: textiles, pastelerías y librerías.

Esos dulces impagables, con siglos de historia y leyenda, ceden poco a poco bajo el empuje de la bollería industrial. Los textiles desaparecen en favor de la ropa ya confeccionada y de los gigantes del sector. Las librerías acusan el paso de una sociedad poco aficionada a la lectura, que antes consideraba los libros como un signo de prestigio, en la que ahora predomina lo audiovisual. También a ellas se las tragan las grandes plataformas, los monstruos invisibles. Y con cada tienda cerrada se esfuma la capacidad para degustar telas, devorar libros y apreciar pasteles.

Se pierde, por tanto, el concepto de calma en las compras y en el consumo, el placer del tacto del tejido para una prenda nueva, y la paciencia infinita del tendero para mostrar una y otra vez cortes de tela, retales, varas de medir y las exigencias de las modistas, que no toleraban engaños en cuanto a las medidas necesarias para una prenda. Los nuevos tiempos demandan prendas que puedan ser probadas, usadas y desechadas en la misma temporada, por poco dinero y de calidad cuestionable. ¿Qué más da, si otra moda espera?

La comparación entre escribir y llorar quedó ya vieja. La similitud entre leer y viajar carece de sentido. El incremento de gasto en ocio ha venido por el sector turístico, con la misma filosofía de usar y tirar que la de la ropa. Se contratan viajes organizados, países o ciudades conocidos de modo parcial, sin respeto por los extranjeros, sus costumbres o razones, y se regresa al hogar con el móvil lleno de fotos idénticas a las que allí estuvieron, y con una alfombra para el salón con las que se da fe ante los conocidos del espíritu errabundo y emprendedor del dueño de las fotos, de la alfombra y del viaje.

No se lee, y, si se compran libros, se hace en las grandes superficies, entre las verduras y los calcetines, los tristes montones de libros de saldo, los cientos de árboles sacrificados en vano. No se escribe, y los bellos objetos de papelería quedan relegados a las niñas que buscan bolis con olor y sellos con sus iniciales, o a los sibaritas que no renuncian al papel timbrado. Y otro comercio cierra, mientras se importan a bajísimo precio baratijas orientales que se venden cada vez más caras. No queda tiempo para reflexionar. Almacenamos tanta imaginación que el hombre actual aspira a derrumbarse sobre un sofá cada noche, a no pensar, a cerrar los ojos mientras se sigue con ellos muy abiertos, las imágenes sin mucho sentido que desfilan ante él en rulo.

Vuelvo a hablarles de los dulces alaveses y de su misterio. De la sal de las salinas rescatadas de Añana, el oro blanco del valle salado, trataremos en otra ocasión. Ahí sí se ha conseguido el milagro de preservar un medio de extracción de varios siglos, sin perforación ni daño al entorno, una técnica que corría peligro de perderse y que ha revelado, oh, sorpresa, una de las sales más valoradas del mundo.

Una receta que se pierde es como una historia que queda sin contar: una ausencia insustituible, un placer breve, esencial, al que se renuncia. Pocas cosas se guardan con tanto celo como las recetas misteriosas o los remedios de botica. Las papelerías y los despachos de cierto tono fabricaban su propia tinta, con tantos aspavientos y secretos como si habláramos de la Coca-Cola. Componían la cola, agua, harina y goma, del mismo modo en el que fermentaban el pan o esperaban a que subieran los roscones.

Algunos artesanos del horno solían aislarse en silencio durante los últimos instantes, justo antes de encender el fuego, como si aquella soledad contenida fuese parte del secreto: una ceremonia entre lo simbólico y lo escénico, el momento exacto en que la masa dejaba de ser promesa para convertirse en obra.

Al fin y al cabo, un libro sigue siendo un libro allá donde se imprima, y las telas, por hermosas que sean, salen de los mismos telares industriales. Lo que realmente se extraña es la intuición del librero que recomendaba sin equivocarse, el saber hacer del sastre que entendía los cuerpos sin cinta métrica. Porque el gusto —ese matiz irrepetible—, la sensibilidad en las manos, eso que nuestras abuelas nombraban sin dudar como «el cariño», cambia radicalmente de un obrador a otro. Cada dulce habla un idioma propio.

Y en esta tierra donde el orgullo gastronómico es casi una religión, donde los paladares se celebran como trofeos, perder eso por simple abandono no deja de ser una forma callada de traición.

Vuelvan conmigo: es hora ya de emprender el regreso. Vuelva cada uno a su casa, a su tierra. Yo, mientras tanto, cuando me marcho de aquí ya no tengo a dónde ir.

ULTREYA

Sin saberlo, durante años seguí cada verano el Camino de Santiago. Cuando dejaba el valle para regresar a la tierra de mis padres, a ese otro paraíso perdido ya antes de mi nacimiento, seguía casi paso por paso la misma senda que otros habían trazado desde la frontera con Francia hasta el fin del mundo, donde mis antepasados habían cultivado sus tierras, habían criado a sus hijos y habían emigrado, cuando no quedaba otro remedio, a lugares más prósperos.

Hace unos meses, metida en el engorroso tema de las propiedades de fincas y de sus títulos de propiedad, me dijeron que la descripción de los terrenos de mi familia se remontaba a la época en la que se repartieron los lotes entre los veteranos romanos ya licenciados. No he querido comprobar cuánto hay de literal en eso, porque la historia me gusta tal y como es, y no tal y como fue. Los senderos que rodean el Camino se alimentan de leyendas con tanta urgencia como del aire, del sol o de la lluvia menuda. Esta ha sido una región a la que siempre llegaron extranjeros, algunos para cumplir una promesa, otros con una súplica de salvación.

No importa cuál sea el anhelo que empuje al peregrino a ponerse en marcha hacia Santiago: al final, el viaje acabará revelándole no lo que buscaba, sino aquello que, sin saberlo, más le urgía encontrar. Puede que haya sido la inquietud de una promesa olvidada, el deseo de enfrentar una pérdida, una súbita necesidad de silencio o el impulso de vivir algo distinto, quizás una sed espiritual que no encontraba consuelo en lo cotidiano. Da igual. Cuando los días se suceden y el cuerpo se adapta al ritmo implacable de los pasos, el Camino deja de ser un trayecto para convertirse en una transformación. Al caminante se lo traga poco a poco esa antigua ruta de polvo, señales y piedra, y lo que antes parecía importante se diluye, como si nunca hubiera tenido peso real.

Mi camino en solitario, ya con la convicción de que buscaba algo que nunca había encontrado en los viajes mecánicos y utilitarios hacia Galicia, comenzó en septiembre de 2008, bajo una lluvia menuda que parecía querer borrar los contornos de las montañas navarras. Llegué a Roncesvalles envuelta en esa humedad densa que tiñe de misterio los bosques. Las ovejas se apiñaban, en un intento por protegerse del frío temprano, y entre los verdes aún vivos del verano se insinuaban las primeras pinceladas rojizas del otoño.

Desde el principio supe que no quería detenerme en Santiago, como manda la tradición, sino continuar hasta Finisterre, donde el mundo antiguo pensaba que terminaba la tierra y comenzaba lo desconocido. En realidad, más que una meta geográfica, buscaba un rastro perdido: el eco de esa infancia atravesada por viajes en coche desde el País Vasco hasta la casa gallega de mis abuelos, en la que pisoteaba una parte del Camino sin saber que algún día volvería a pie.

Aquellos trayectos familiares eran veloces, impacientes, sin apenas desvíos. Solo tres paradas: una para llenar el depósito, otra para comer algo sencillo bajo la sombra de unos álamos en Castilla, y una más cuando el mar ya se olía en el aire. Todo el viaje giraba en torno a la espera de la llegada: la verja del jardín, las rosas, los crisantemos, la voz de mi abuela, los juegos con mi primo, los animales que me obedecían cuando gritaba su nombre.

Como esperaba, durante las semanas que dediqué al Camino Francés, el tiempo dejó de comportarse con normalidad. No había relojes, ni citas, ni prisa. El mundo avanzaba al ritmo de mis pies, como si todo el universo se hubiera compactado en una secuencia interminable de senderos, amaneceres, fuentes, cielos amplios y pueblos dormidos. Aprendí a leer el paso de las horas no en los relojes, sino en la inclinación de las sombras, en el crujido de la hierba seca bajo mis botas, en las vetas del musgo adherido a los troncos. En la inmensa llanura castellana, cuando el calor apretaba con una violencia casi primitiva, encontraba un árbol aislado que ofrecía su sombra generosa.

Me sentaba a escribir notas breves, pequeños apuntes que más tarde darían forma a mi ensayo *Hijos del fin del mundo*. O leía. Y si un libro pesaba demasiado, lo dejaba atrás: sobre un banco, en un albergue, junto a una señal de flecha amarilla. Aligeraba la mochila y, al mismo tiempo, dejaba un mensaje cifrado para otros caminantes.

Puede hacerse un Camino solo con las lecturas de quienes lo llevan a cabo: libros religiosos, que centran la mirada en el alma y en su progresión, algo muy querido por los poetas místicos y que hemos perdido entre la banalidad de nuestros días. Novelas ligeras, para entretener las noches o las esperas, que caducaron según salían de imprenta. Viejas obras que viajan de albergue en albergue, que ya nadie quiere, pero que su condición de texto impreso preserva de que sean arrojadas, por fin, al fuego. Guías, consejos, memorias.

No hay nada más absurdo que un libro que describe el Camino, y lo digo con la certeza de quien ha escrito uno y lo relee con la sensación de que ya no le pertenece: si en algo coinciden los peregrinos es que cada uno sigue su propia senda con sus impresiones particulares. Quienes han repetido la ruta afirman que nunca se vive una experiencia igual. Se insiste poco en que cada Camino es único y los pasos que se dan, como advertía Machado, no volverán a encontrarse. Cada jornada del Camino queda atrás con la muda de piel que dejamos en él, y la siguiente, con la piel nueva y la mirada fresca, se prepara para hacer lo mismo.

El Camino, aquel primer camino en solitario, ofrecía todo tipo de jornadas. Algunas suaves, casi oníricas, donde la brisa tenía una calidez de cuento y las colinas se sucedían como un susurro. Otras, en cambio, eran de una sequedad brutal, donde solo la piedra tallada de una iglesia románica o una fuente antigua traían algo de consuelo. A solas, uno aprende a tirar de la propia voluntad, a negociar consigo mismo: un kilómetro más, solo uno, hasta que se alcanza ese albergue que prometen los folletos, o esa vista en el alto donde dicen que el atardecer se detiene a contemplar al viajero.

A veces, encontraba compañía. *Ultreya* es la palabra secreta, «Buen camino». Entonces caminábamos en silencio, cada uno absorto en su propio tormento interior. No hacía falta hablar: ya sabíamos todos que veníamos de algún dolor o algún deseo. En otras ocasiones, las palabras fluían sin contención, como si la distancia y el anonimato dieran permiso para desvelar lo más íntimo: confesiones que rara vez se dicen a los amigos. Escuché historias que no he olvidado: padres marcados por la pérdida de un hijo, personas que arrastraban adicciones como cicatrices, relaciones rotas, enfermedades vencidas sin explicación médica. En el Camino las esperanzas no son nunca abstractas: se apoyan en pasos, en cruces, en pequeños milagros cotidianos que nadie anuncia.

En la etapa final del Camino me reencontré con los acentos, con el pasado, con los fantasmas de los míos que asomaban para renegar de mi mala cabeza, de cómo perdía el tiempo durante un mes, día tras día en la ruta, como si me hiciera falta para algo y no me sobraran las cosas provechosas en las que ocuparme. Durante el tiempo que, vara en mano, atravesé esos caminos, fui muy feliz. Pero mentiría si dijera que los recuerdo con precisión. Leo lo que escribí y no estoy del todo segura de que aquella fuera yo. He vivido tanto tiempo fuera y dentro de mis mundos imaginarios que no siempre distingo qué inventé y qué fue aquello.

A veces, cuando el aire huele a tierra húmeda y a manzanas verdes, cuando el sol se retira tras una cortina de nubes bajas y el cielo se convierte en una campana de plomo blando, regreso en la memoria a los alrededores de Betanzos, a las aldeas en las que vivieron su juventud mis padres. No al Betanzos festivo de los globos y la feria ni al de los domingos animados con pulpo y vino, sino al lugar tranquilo, el que empieza justo donde el asfalto se rinde y el campo recupera su idioma. Un paisaje que se sostiene a medias entre el sueño y la vigilia: ondulado, profundo, tapizado por un verde que no se agota y por brumas que no disipan ni el mediodía ni el verano.

Yo era niña y no entendía por qué esa luz me inquietaba tanto. Algo en su forma de envolver los árboles, en la forma en que acariciaba las piedras de los muros cubiertos de líquenes, me obligaba a callar. El verano olía a estiércol: un olor que aún ahora me trae una profunda felicidad, a los helechos, a leña húmeda, a hierba recién segada que aún llevaba caracoles prendidos. A veces mi abuela, con la que yo mantenía inacabables conversaciones sobre cómo era el mundo cuando ella tenía mi edad, señalaba un campo, un molino abandonado, una casa vieja, y contaba una historia que empezaba siempre en un tiempo indefinido, como si esas tierras no pertenecieran del todo al presente. «Ahí vivía un hombre que hablaba con los zorros», decía. O «Por ese camino bajaban las vacas al río, solas, antes de que hicieran la carretera nueva».

Durante el Camino recorría de nuevo los caminos hundidos entre muretes de piedra, tan estrechos que solo una persona, o una vaca paciente, podía pasar. El musgo crecía incluso en los escalones y el agua encontraba su cauce incluso cuando no llovía. En esa zona no hay agua quieta: toda corre, murmura, trabaja. En las cunetas nacen manantiales imprevistos, y cada fuente parece tener su nombre, aunque nadie lo recuerde. En aquellas caminatas a solas, con mi primo siempre cerca y siempre lejos, recogía para él moras de los zarzales o perseguía mariposas que huían entre los hórreos; aprendí que el bosque, la *chousa*, no era un lugar aparte: era el borde mismo del jardín, la frontera indeterminada entre lo conocido y lo ancestral.

El olor de los higos maduros caídos en la hierba, el zumbido grave de los insectos gordos de néctar del verano, el sonido lejano de un perro atado al que nunca llegué a ver me decía que la tierra tenía memoria. Una memoria que no necesitaba palabras. Había un castaño, alto como una iglesia, con ramas que se abrían como brazos abiertos. Me sentaba bajo él a escribir, con un cuaderno heredado de algún curso anterior, y fingía que podía entenderlo todo si lo miraba lo suficiente. Las frases que apuntaba eran torpes, pero tenían esa vibración de lo esencial que solo poseen las cosas vistas por primera vez.

Las mañanas se mantenían frescas incluso en agosto. La niebla bajaba como un telón, y el campo se despertaba despacio, como si no quisiera despegarse del sueño. A veces, desde la ventana del piso alto observaba cómo los tejados rojos asomaban entre la neblina como barcos varados en un mar de leche. Y cuando salíamos a caminar hacia el monte, el silencio era tan hondo que cada paso sobre las hojas secas parecía una confesión.

Todo aquello se había quedado conmigo en algún lugar de los huesos, y regresaba en aquel tramo del Camino. Aquella tierra me había enseñado el ritmo lento, casi mineral, del paso del tiempo. Las estaciones eran distintas allí: el otoño llegaba temprano, y el invierno no traía nieve, sino una humedad persistente, molesta pero no enemiga. Envolvía y no empapaba, curaba mis bronquios dolientes en lugar de enfermarlos. En primavera los prados estallaban de margaritas y de esos cardos pequeños que mi tía siempre arrancaba antes de que sacaran espinas. Las vacas, pacientes y lentas, eran parte del paisaje tanto como los árboles o las nubes.

Nunca supe cuándo dejó de ser un lugar de veraneo para convertirse en un lugar de pérdida. O más bien sí lo sé, pero no quiero recordarlo. El Camino me lo trajo de regreso. Lo que quedó en mí fue ese vago sentimiento de pertenencia a un sitio que nunca fue del todo mío, pero que me contenía. Como si la tierra me conociera mejor de lo que yo la conocía a ella.

Hoy, cada vez que veo una loma suave, un campo que baja hacia un río invisible, una iglesia de piedra con campanario encorvado, siento que regreso al pasado y al Camino. A una latencia, un susurro de raíces. El lugar donde aprendí que hay paisajes que no se fotografían porque viven bajo la piel. Que hay luces que no iluminan, que se revelan en la memoria, que hay caminos que no se andan, que se recuerdan. A veces eso resulta ya bastante.

En fin, llegué a Santiago primero, Finisterre después. Los pies eran ya otra cosa: una mezcla de heridas, durezas y dolor, pese al cuidado extremo. Caminaba despacio, como si no quisiera que el final llegara. Mi piel había cambiado, más fuerte, más morena. Y la certeza, tallada por dentro, de que muy poco es necesario para vivir bien: agua, pan, descanso, alguien con quien compartir el silencio.

No sé si uno llega a Finisterre o si se le mete dentro, poco a poco, como el salitre en la ropa o el humo de los hogares que aún queman leña en lo alto de los montes. El Camino, tan largo, tan íntimo, se acalla al llegar aquí, donde ya no hay más tierra. Lo supe incluso antes de ver el mar: con el rumor del viento que agita los eucaliptos de la costa, con el vuelo bajo de las gaviotas, con el silencio denso de los que caminan cabizbajos hacia el cabo. Finisterre no recibe con fiesta, no hay bienvenida ni banderas, solo un aire contenido, severo, como si cada piedra guardara un secreto antiguo. El mar no se abre, se cierra.

Al llegar, lo primero que vi no fue la cruz ni el faro, sino un gato. Un gatito gris, de pelo espeso y ojos azules como hielo limpio. Estaba sentado sobre un murete, inmóvil, y observaba con severidad a los recién llegados. Cuando pasé a su lado, no huyó ni se movió, solo ladeó la cabeza levemente, como si reconociera en mí el cansancio que todos llevamos a cuestas al llegar al fin del mundo. Aquel gato conocía los nombres de los naufragios, el peso de las promesas, de las palabras que no se dijeron nunca.

Las casas se apretaban unas contra otras como si buscaran calor. Algunas miraban al mar con ventanas pequeñas, encogidas, como quien ha visto demasiado ya y cierra los ojos. Me crucé con un vecino que apenas levantó la vista. Su mirada era hosca, como la de muchos de los que viven allí: el gesto de quien ha vivido pegado al viento y al salitre, de quien ha enterrado más de lo que ha amado. Hay una dureza tranquila en los rostros de los que habitan Finisterre: no buscan complacer ni agradar, pero dan pan si se lo pides. Nadie finge aquí.

Subí despacio hasta el faro, mientras sentía en los pies cada kilómetro recorrido desde Roncesvalles. El viento era otro. Más fuerte, más libre, más decidido. Silbaba entre los eucaliptos, los estremecía, como si fueran velas de un barco antiguo. Los troncos crujían, hablaban. Me detuve junto a un árbol que parecía inclinado por los siglos. Cerré los ojos, y el sonido del mar se mezcló con el soplo del viento. Durante un momento sentí que ya no estaba en tierra.

Desde el faro, el mar se extiende como una herida azul. No es un mar amable, sino inmenso, frío, misterioso. Allí termina todo, y empieza otra cosa que no se puede explicar. Las rocas están gastadas de siglos de oleaje, y aun así, parecen firmes. Aparecen cruces clavadas entre las piedras, camisetas de peregrinos, botas quemadas como ofrenda.

Me senté en una de esas piedras, y de pronto, para mi sorpresa, para mi vergüenza, lloré sin ruido.

Unos metros más allá, el gatito gris había subido también. Se acurrucaba junto a un poste de hierro, y miraba el océano con la misma expresión de algunos ancianos del pueblo, con respeto y desafío. A su lado, una pareja alemana se hacía fotos. Yo los vi alejarse, sin oírlos. Todo sonido se disolvía en la respiración del mar.

Pensé en mis abuelos, en los cuentos de sirenas tristes y barcos fantasmas que yo les contaba a ellos, a cambio de los que me contaban a mí. Pensé en la niña que fui, que soñaba con ver ballenas blancas desde este lugar. Pensé en los ausentes. En los que no llegaron. En los que volvieron cambiados. En lo que se queda cuando uno se va.

Finisterre no da respuestas. Apenas ofrece un respiro, pero en ese respiro cabe el alma. El viento te limpia de ruido, y el mar te devuelve a lo esencial. No siempre se camina para encontrar algo.

Cuando cayó la tarde, el cielo se tiñó de un violeta profundo. El sol no se ocultó, se hundió de golpe. Cada ola era un verso. El gatito desapareció sin ruido. La pareja alemana ya no estaba. Me quedé sola. Había algo más, sin embargo. Una sensación profunda, casi mística, de haber seguido un sendero donde antes caminaron reyes, mendigos, monjes, héroes y anónimos. Una procesión de siglos que encuentra en cada nuevo caminante su eco, su relevo. Al terminar, uno no regresa igual. Algo se queda en el polvo del camino, y algo del camino se queda en uno para siempre.

Y entonces supe que no era el fin. Era el centro.

MINERVA SULIS

A menudo realizo viajes con lectores. Me los llevo a los lugares en los que vivieron mis escritores preferidos, o en los que escribieron sus obras más recordadas, y allí, en un ejercicio en el que superponemos otra vez más (ya lo hago sin darme cuenta) lo que deseamos ver sobre lo que hay, recorremos no las calles de las ciudades, sino las de los relatos. Y de todas ellas, la más querida, la más solicitada, es la ciudad inglesa de Bath.

«¿Quién podría aburrirse de Bath?». Esta era una de las frases que corrían de boca en boca en el siglo XVII, cuando la ciudad balneario se había convertido en el sitio de moda, y que parece acuñada directamente para el XXI.

A veces pienso que Bath no existe del todo. Que es una ciudad soñada, suspendida en el tiempo como los objetos dentro de una bola de nieve, detenida en su gesto más bello, en su ángulo más armónico, y, por tanto, condenada también a la melancolía de lo que no puede ya transformarse. Todo aquí parece haber sido creado para ser contemplado: las fachadas que se repiten como una cadencia, los puentes que acarician el agua como si temieran herirla, el sonido hondo de los pasos sobre el pavimento de piedra caliza. Ninguna otra ciudad inglesa ha conseguido parecer tan poco inglesa, y al mismo tiempo tan esencialmente suya. Bath es una máscara de mármol sobre la que aún resbala el calor de un agua antigua.

A Bath no se llega, se regresa. Incluso para quien no ha estado antes, hay en sus calles una familiaridad inexplicable, como si ya la hubiéramos visitado en otra vida o a través de las novelas de quienes la habitaron en el pasado. El tren parece disminuir el ritmo con una reverencia, y la ciudad se alza, entre colinas suaves, como un anfiteatro dorado dispuesto para el espectáculo de lo cotidiano. La piedra de Bath, ese tono ocre pálido que la cubre toda como un velo de luz, filtra el cielo y domestica incluso las lluvias más tenaces. El tiempo aquí se desliza de puntillas.

En Bath todo encaja, todo conversa. El lenguaje neoclásico de sus calles no pretende imponerse, sino seducir sin estridencias, porque, más que la belleza de sus edificios, destaca su unidad. Las columnas, los frisos, las cornisas son variaciones de un mismo pensamiento: orden, armonía, equilibrio. Como si el espíritu de la ciudad, nacido de aguas termales y de planes urbanísticos ambiciosos, necesitara demostrarse a sí mismo que la belleza no es un accidente, sino una muestra de voluntad.

El corazón de Bath late bajo la superficie. Hay algo profundamente íntimo en saber que toda la ciudad descansa sobre un sistema subterráneo de canales, aguas calientes y respiraciones minerales. El agua brota desde profundidades que el tiempo ha olvidado, templada, salina, cargada de historias que nadie recuerda del todo. Los romanos ya sabían que este era un lugar sagrado. Construyeron templos, termas, estatuas. Llamaron a la ciudad Aquae Sulis, y dedicaron sus manantiales a la diosa Minerva. De alguna manera, todo lo que ha venido después ha sido un intento de responder a esa consagración primera. Incluso ahora, cuando paseamos junto a las piscinas antiguas del complejo romano, sentimos la reverencia de estar pisando algo que les pertenece a los dioses.

La ciudad fue moldeada por el deseo de curación, de prestigio y de belleza. Culminó el proyecto ambicioso de quienes creían que el cuerpo podía encontrar en la arquitectura una forma de redención. A partir del siglo XVIII, Bath se transformó en el laboratorio de una modernidad pulcra, sensual y perfectamente planificada. Bajo la dirección de figuras como John Wood, padre e hijo, y del casi mitológico Beau Nash, Bath se convirtió en el escenario ideal para el manejo social de la aristocracia inglesa. Aquí se venía a mostrarse, a buscar marido, a recuperarse de dolencias reales o fingidas, a frecuentar bailes, salones de té, a dejarse mirar.

Y, sin embargo, hay en Bath una tristeza fina, un poso de insatisfacción que recorre sus fachadas. Quizás porque la perfección siempre está a punto de resquebrajarse, o porque bajo la elegancia de sus plazas se intuye el esfuerzo que supuso sostener ese orden. Las mujeres que llegaron aquí en busca de fortuna sabían que no venían a divertirse durante la temporada: se jugaban el futuro. Y las que, como Jane Austen, llegaron con los medios justos, sabían también que Bath podía ser una cárcel dorada, un espejo cruel que devolvía sus límites con claridad implacable.

Es imposible caminar por Bath sin pensar en Jane. Parece que su figura delgada doble las esquinas, se siente junto al río, o recorra los escaparates de Milsom Street, con ese gesto algo resignado que conservan quienes han aprendido a mirar el mundo con lucidez. Sus años aquí no fueron felices, pero al menos los adivinamos intensos. Y no importa cuántas veces visitemos el Jane Austen Centre, cuántas tazas de té tomemos en su salón ambientado, ni cuántas veces recorramos Gay Street: siempre parecerá que su presencia se escapa. Lo que nos queda de ella es Bath misma, convertida en un personaje más de sus novelas.

La relación de Jane Austen con Bath fue, como tantas otras cosas en su vida, compleja y teñida de una melancolía persistente. No amó la ciudad, y, sin embargo, la conoció a fondo. No escribió allí sus mejores novelas, y, sin embargo, la paseó con ojos de escritora. Fue una visitante constante desde niña y una residente involuntaria después, cuando la decisión de su padre de retirarse del campo y mudarse a la ciudad marcó el final de una etapa luminosa, la pérdida de ese mundo ordenado que había conocido en Steventon. Bath, con sus columnas neoclásicas y sus calles que huelen a agua tibia, fue el escenario de un desarraigo que Jane nunca perdonó del todo.

Cuando llegó a Bath en 1801, con veinticinco años, ya no era una jovencita soñadora, sino una mujer que sabía lo que costaba, día tras día, ser una Austen sin fortuna. Las novelas que escribiría después estarían marcadas por esa conciencia dolorosa de lo que significaba que le sobrara educación, talento, sensibilidad... y depender, sin embargo, de la generosidad de los parientes varones. En Bath, como en un teatro, esa tensión se hacía más visible que nunca. Cada paseo por Milson Street o por el Pump Room añadía una escena más al drama social de la época. Las mujeres jóvenes desfilaban con sus mejores galas, como si la vida entera dependiera de una carta de baraja: un matrimonio aceptable, una mirada oportuna, una renta suficiente.

Las dificultades para sacarse a sí misma del anonimato eran múltiples. En torno a 1800, una mujer sin dote se encontraba bajo una sentencia de invisibilidad. No había otro modo de avanzar que no fuera el matrimonio o el genio, y este último era una opción rara y a menudo escandalosa. Jane lo eligió con cautela, con una firmeza silenciosa. Creemos que en Bath apenas escribió, dado que no se conserva gran cosa salvo cartas y correcciones. No por falta de inspiración —sus ideas nunca se agotaban—, sino por el ambiente opresivo de los apartamentos compartidos, por la inseguridad del futuro, por la sensación de estar suspendida en el aire, como si la vida real ocurriera en otra parte.

Y mientras tanto, la ciudad era un espejo cruel. Bath reunía a lo más selecto de la sociedad inglesa, pero también a lo más desesperado. Una ciudad para ver y ser visto, donde el decoro era una moneda más valiosa que la verdad. Los rumores corrían como el agua termal, calientes, envolventes, ineludibles. Y uno de esos rumores —uno que afectó directamente a los Austen— fue el del escándalo del encaje de Leigh-Perrot, la tía rica de Jane. En 1799, mientras realizaba unas compras en una mercería, esta señora fue acusada de haber robado un encaje valorado en unos veinte chelines. El escándalo escaló rápidamente: de haberse demostrado la culpabilidad, el castigo hubiera sido la horca o la deportación a las colonias. Pero la tía tenía dinero y el respaldo de una buena familia, y fue absuelta. Aun así, la sospecha dejó una mancha. En el mundo de Austen, donde la reputación lo era todo, este tipo de acusaciones no se olvidaban jamás.

Jane, con su mirada aguda, entendió muy bien la hipocresía de una sociedad donde robar encaje era un pecado mortal si eras pobre, pero se quedaba en una anécdota si eras rica. Supo también lo que significaba estar en deuda con parientes adinerados, aceptar su hospitalidad, sus silencios. Y esa sensación de dependencia aparece, como una sombra persistente, en todas sus novelas. Sus heroínas, incluso las más triunfantes, nunca dejan de ser conscientes del abismo que se abre entre la seguridad de una renta y el vértigo de no tenerla.

En Bath Jane observó más de lo que hubiera deseado. Cada conversación trivial, cada paseo, cada baile anodino fue una escena almacenada en su memoria. Y años después, en la calma de Chawton, todo eso reaparecería transformado. *Northanger Abbey* y *Persuasión*, sus dos novelas más directamente relacionadas con la ciudad, muestran una Bath ambivalente: un lugar de frivolidad, pero también de encuentros inesperados, de redenciones morales, de segundas oportunidades.

Persuasión, escrita en el ocaso de su vida, se envía al futuro como una carta de reconciliación. La ciudad que Jane retrata allí ya no es solo un escenario de fatuidad, sino también un lugar donde el amor puede encontrar su camino, donde los silencios de otros tiempos pueden al fin romperse. Anne Elliot, como la propia Jane, no busca el brillo de las apariencias, sino la verdad. Y Bath, con toda su pompa vacía, le ofrece finalmente ese rincón de honestidad que tanto costaba encontrar.

Ese rincón se mostró siempre esquivo para la propia autora. Bath no le dio estabilidad ni paz. Cuando su padre murió en 1805, la familia se vio obligada a abandonar la ciudad y buscar alojamiento temporal en varios lugares. La vida itinerante continuó hasta que, gracias a la ayuda de su hermano Edward, pudieron instalarse en Chawton, en una casa modesta, sencilla, donde por fin Jane recuperaría el ritmo creativo. Bath quedó atrás, como una etapa gris y estéril, aunque profundamente formativa.

Al pensar en Jane Austen por las calles de Bath —las mismas que hoy visitan con devoción lectores de todo el mundo—, uno imagina una figura discreta, una inteligencia alerta, una mujer que nunca dejó de observar, de registrar las inconsistencias, las tensiones, las luchas silenciosas que definían su mundo. No escribió panfletos, no alzó la voz. Su literatura resiste de una manera similar: delicada, precisa, inquebrantable. Como una puntilla de encaje, intacta tras el escándalo.

Y, mientras tanto, la ciudad sigue desplegándose. Desde la parte baja, donde las aguas termales y los restos romanos nos recuerdan sus orígenes, hasta las colinas donde se elevan sus construcciones más representativas. El Royal Crescent, visto desde la distancia, parece una ola detenida, una curva perfecta que desborda cualquier expectativa. Vivir allí debe parecerse a habitar una partitura. Cada casa, cada columna, responde a una lógica mayor. No hay azar en su diseño, y, sin embargo, algo en su armonía resulta profundamente emocionante. También el Circus, con su forma circular y su aire de reloj sin cuerda, produce esa extraña sensación de habitar un mundo soñado.

Lo que distingue a Bath no se reduce a su arquitectura. Reparen en su atmósfera. Su silencio no se reduce a la ausencia de sonido, sino a una constante contención. Las conversaciones se dan en voz baja, los pasos se moderan, incluso los modales de los turistas parecen suavizarse al entrar en su ámbito. Bath nos obliga a desacelerar. Observamos. Imaginamos lo que fue y lo que pudo haber sido. Los jardines interiores, los patios ocultos tras portones, los callejones empedrados que serpentean por las laderas... todo invita a una forma de contemplación que ya no se practica.

Uno de los mayores placeres es perderse sin rumbo. Salir del centro histórico y dejarse arrastrar por calles secundarias, por rutas menos transitadas que conducen a parques elevados, a senderos entre árboles, a bancos solitarios donde el viento mueve las hojas como si le costara decidir en qué estación se encuentra. Desde Alexandra Park o Prior Park, la ciudad se observa en perspectiva: una masa dorada salpicada de tejados, un conjunto que parece pintado más que construido. Las colinas la rodean, no como murallas, sino como un coro de amigas benévolas que la arropan.

Y, sin embargo, la Bath contemporánea no se limita a una postal congelada. Vive, cambia. Sus restaurantes fusionan la tradición británica con toques asiáticos, mediterráneos, incluso latinoamericanos. Sus librerías independientes resisten, y sus museos programan exposiciones que desafían la mirada clásica. La ciudad parece dialogar consigo misma, consciente de que su mayor activo es su pasado, pero también de que el futuro no espera. En las noches de verano, el aroma de los jardines se mezcla con la música que escapa de los pubs; en invierno, el vapor que asciende de las termas se confunde con la neblina, y todo vuelve a parecer un sueño antiguo, un lugar al que uno llega cuando ya ha dejado de buscar.

A veces tengo la impresión de que Bath es una ciudad que aún sueña con sí misma. Como si caminara en silencio, mirando hacia atrás, evocando aquello que fue, pero que nunca terminó de ser del todo. Porque si en la primera mirada parece detenida, intacta, dorada en la serenidad de su piedra, en el rumor de sus fuentes, en el eco de las campanas de la abadía... al segundo vistazo uno descubre las fisuras, las grietas minúsculas por las que se cuela una tristeza que no se ha nombrado. Bath no solo es la ciudad perfecta para ser amada, sino también para ser llorada.

La vida literaria de Bath se esconde en rincones inesperados, en cafés con nombre de salón victoriano donde aún se puede oler el papel de las primeras ediciones, en librerías minúsculas que huelen a madera vieja y a lluvia, y donde un volumen de Elizabeth Bowen o de Angela Carter espera, entre la penumbra y el polvo, que alguien lo abra. Porque Jane Austen no es la única. Fue la primera que dejó en la ciudad una sombra densa, pero no la única. La Bath literaria va más allá de sus paseos, de sus tiendas en Milsom Street o de las estampas del Pump Room: es una red de presencias sutiles, de escritores que llegaron para marcharse, o para quedarse a medias.

Charles Dickens, que la conoció bien, ambientó en ella parte de *The Pickwick Papers*, y Thomas Hardy, tan dado a la melancolía de los campos de Dorset, la convirtió en escenario de *Two on a Tower*, aunque disfrazada bajo el nombre de «Bathpool». Mary Shelley vivió en Bath un tiempo después de la muerte de su marido, intentando recomponer algo de sí misma. Se paseaba sola, al amanecer, a través del Parade Gardens, vestida de negro, dejando tras de sí una estela de silencio y cloroformo. Y ahí están también las poetas olvidadas, como Charlotte Mew, o Alice Meynell, cuyos versos sobre la pérdida parecen escritos para las tardes doradas de otoño en Royal Victoria Park. La Bath literaria no es solo la que se exhibe: es también la que se recuerda a medias, la que se desliza por las estanterías de segunda mano, la que se disuelve en los nombres apenas susurrados.

Pero hubo un momento en que esa Bath calló. Y el silencio no era poético ni literario: era el silencio de las sirenas, de las ventanas entabladas, del miedo. El 25 y el 26 de abril de 1942, Bath fue bombardeada. Formaba parte de las llamadas «Baedeker Raids»: los nazis decidieron atacar ciudades inglesas de importancia cultural y belleza histórica, en represalia por los bombardeos británicos sobre Lübeck y Rostock. El nombre venía de las guías Baedeker, que clasificaban las ciudades por su interés artístico. Bath tenía tres estrellas.

Aquella noche la luna brillaba alta sobre la piedra dorada. Se escucharon primero las alarmas, y luego el zumbido creciente, y finalmente, el fuego. Cayeron más de cuatrocientas bombas. Más de cuatrocientos edificios fueron destruidos o dañados gravemente. Murieron 417 personas. Las casas georgianas temblaron, y algunas cayeron del todo. En Green Park, donde Jane Austen vivió tras la muerte de su padre, no quedó nada. Trim Street se oscureció. Algunas esculturas romanas de los baños se agrietaron. Lo que sobrevivió fue reconstruido con esfuerzo, pero muchas cicatrices quedaron. Si uno se fija bien, en algunas fachadas, las piedras no casan del todo; hay parches invisibles, curvas que ya no son exactas, cornisas torcidas por el trauma.

La Bath posterior a la guerra intentó conservar la dignidad. Recompuso sus formas, limpió los escombros, devolvió el esplendor a las cúpulas y a los ventanales. Pero algo esencial se perdió, y eso no lo devuelven ni la habilidad de los arquitectos ni las generosas subvenciones. En parte lo que se perdió fue el tiempo. Porque antes de la guerra, Bath parecía vivir en un bucle: una ciudad atemporal, que celebraba bailes de época sin saber que su época estaba muriendo. La guerra la empujó al presente, la obligó a mirar hacia delante, a dejar de bailar en salones con arañas de cristal. Se perdió también el sonido de las cartas. El paso lento de los carruajes. La conversación detenida de las mujeres con sombreros de plumas en la fila del Pump Room. Las casas de huéspedes llenas de hijas con libros en las manos y esperanzas en los ojos.

Y, sin embargo, Bath resistió. Con esa tenacidad que tienen las ciudades que saben que su belleza es un destino. En los años cincuenta y sesenta, los movimientos de protección del patrimonio consiguieron que muchas de sus estructuras georgianas fueran restauradas con precisión casi amorosa. Las piedras volvieron a brillar, aunque algo más pálidas. La vida cultural no murió. Al contrario. En los años siguientes, se multiplicaron los festivales literarios, las lecturas, las ferias. Cada primavera, la ciudad se llena de autores contemporáneos que acuden a leer, a charlar, a compartir. Hay un festival de literatura infantil, otro centrado en la novela histórica, y numerosas rutas dedicadas a escritores locales.

Bath, como todas las ciudades que han conocido el desastre, se convirtió en un espacio de reconstrucción, material y simbólica. Los escritores volvieron a ella para escribir sobre lo perdido. Algunos hablaron de la ciudad como de un amor que ya no los reconocía. Otros, en cambio, como de una madre envejecida que aún conservaba su ternura. A finales del siglo XX, la literatura volvió a instalarse en sus cafés. Julian Barnes, en uno de sus ensayos, la evocó como «un lugar donde el tiempo se asienta, sin dejar de correr». Y ese es quizás el mejor resumen: Bath es estática y fluida, como una novela que se relee sabiendo ya su final, pero buscando otras palabras, otros matices.

En el presente, Bath tiene algo de escenografía perfecta, pero también de susurro privado. A veces pienso que su mayor virtud no es su perfección arquitectónica, sino su capacidad para contener la emoción sin exhibirla. En un banco junto a los jardines de Henrietta Park, he visto llorar a una mujer mayor con una novela en las manos. He visto a dos adolescentes besarse en el estanque de Prior Park. He escuchado a un anciano contar que su casa fue reconstruida piedra a piedra, tras el bombardeo, porque su madre decía que «las cosas deben volver a su sitio, aunque ya no sean las mismas».

Y sin embargo, hay cosas que no volverán. Algunas librerías de viejo que cerraron en los noventa, devoradas por la especulación. El sonido de la fuente de Stall Street antes de que la modernidad la silenciara. Las cartas perfumadas que se leían en las pensiones del centro, bajo la luz tenue de una lámpara de gas. El murmullo en latín que un sacerdote pronunciaba cada domingo en la capilla de Saint John's. El timbre de la bicicleta de una muchacha que repartía novelas a domicilio durante el confinamiento de la guerra. Todo eso se ha ido. Bath lo recuerda, sí, pero no lo dice. Lo deja en el aire, como los restos de vapor que se escapan de una taza de té caliente olvidada en el alféizar.

Bath ha aprendido a convivir con lo que perdió. Lo lleva consigo con una dignidad silenciosa. Por eso, quizás, es tan fácil enamorarse de ella. Porque no es una ciudad que se impone, sino una que se ofrece. Una ciudad que ha sido herida, y por eso abraza con más ternura. Una ciudad que ha sido amada en la ficción, y por eso sabe cómo acoger a quien la mira como se mira a lo que ya se ha vivido. En Bath, uno no es turista: es lector. Lector de piedras, de parques, de ruinas. Lector de lo que permanece y de lo que ya no está. Y en esa lectura, también nosotros dejamos algo. Una palabra, un gesto, una sombra. Algo que quizás, dentro de cien años, alguien encuentre en una librería diminuta, entre los anaqueles, y lea en voz baja, creyendo que es suyo.

LOS PÁRAMOS OCULTOS

Con algunos amigos escritores he discutido sobre esto durante largas tardes y hemos llegado a la conclusión de que no nos hemos recuperado del Romanticismo, ni de los paisajes que crearon, ni del mundo emocional en el que nos sumieron. Al Romanticismo se llega de manera natural durante la adolescencia, y no se abandona hasta que la racionalidad y el frío espíritu práctico nos expulsan de esa tierra imaginaria.

En muchas ocasiones me he llevado a mis lectores conmigo a los páramos de York, a los reales, aquellos que pueden alcanzarse a pie y bien abrigados, y a los que asoman entre las páginas de las hermanas Brontë. En las tardes de otoño perezosas, allí es donde prefiero ocultarme.

Para muchos, Yorkshire, donde han soñado vivir las mismas pasiones desaforadas que pueblan *Cumbres borrascosas,* supone una decepción. ¿Dónde está la bellezas; dónde el drama? Lo que encuentran en abundancia es viento. Como los personajes de esas novelas, no es un territorio que se deje querer al primer vistazo ni busca el favor fácil del visitante deslumbrado. Aquí la hermosura no se ofrece, se insinúa. Como si se dejara descubrir lentamente, como un libro antiguo cuyas páginas crujen al abrirse, revela fragmentos de una historia que no está del todo perdida. En esta tierra, el alma no se entretiene: se conmueve.

Desde la ventanilla del tren, la campiña aparece como un tapiz de verdes densos, de ríos que serpentean entre colinas suaves, de aldeas que apenas parecen respirar, detenidas en una época anterior al ruido. Yorkshire no ha olvidado su vínculo con la tierra ni ha borrado su memoria. Hay un peso, un poso, una seriedad en sus paisajes, como si lo invisible todavía reclamara su espacio. Hay regiones que parecen nacidas para el consuelo. Esta es una de ellas.

El viajero siente que se ha alejado del tiempo. Que las urgencias modernas, las notificaciones constantes, los ritmos estandarizados, pierden sentido aquí. La lentitud se convierte en lo cotidiano. Caminar por los páramos, donde el viento no cesa y el brezo aún sangra púrpura bajo la luz oblicua de la tarde, se parece un poco al murmullo de una oración. No es que uno esté solo: es que lo acompañan otros silencios, otros pasos, otros anhelos. Hay quienes buscaron en estas tierras respuestas, y dejaron sin querer un eco, una señal débil que aún se puede percibir.

Yorkshire fue tierra de palabra escrita mucho antes de que lo supiéramos. La literatura no la ha embellecido, sino que ha tratado de estar a su altura. En sus pueblos nacieron voces que se atrevieron a mirar hacia dentro con una intensidad casi insoportable. La prosa de las hermanas Brontë no puede entenderse sin estos cielos infinitos, sin estos inviernos tenaces, sin esta gravedad casi religiosa que la piedra húmeda y los árboles retorcidos transmiten. En Haworth, una casa sigue respirando encaramada en lo alto de una cuesta adoquinada, como si en cualquier momento fuera a abrirse una puerta y apareciera Charlotte, delgada y tímida, y murmurara a medias un saludo.

Allí, en su escritorio diminuto, frente a una ventana que se abre a la niebla, la historia de la literatura se transformó para siempre. La escritura fue su forma de existir en un mundo que no ofrecía nada. El viento que azota los campos sigue siendo el mismo, y acaso también el dolor. Sus manuscritos, hoy protegidos con celo, aún desprenden una energía contenida, como si cada frase fuera un hilo de salvación. Las casas que han albergado tanta pena no terminan de vaciarse del todo.

Una luz vieja parece haberse refugiado allí para sobrevivir a la modernidad. En pleno siglo XIX, el pueblo era más remoto que ahora, más aislado, como si habitara fuera del tiempo. Las brumas que hoy lo envuelven con un aire romántico eran entonces húmedas realidades que empapaban los zapatos, las ropas, los pulmones. No había turistas, ni escaparates pintorescos, ni visitantes silenciosos tomando notas en sus cuadernos de viaje. Había barro, había muerte, había lucha. La cuesta principal, hoy adoquinada con esmero, era entonces un camino irregular de piedras y excrementos, por el que subían y bajaban carretas, mujeres cubiertas con chales, obreros manchados de hollín y niños con los pies descalzos.

La parroquia dominaba la cima como un faro grave y silencioso. La casa de los Brontë, adosada al cementerio, parecía una prolongación de la muerte. Desde sus ventanas se divisaban las lápidas, alineadas como si esperaran turno para la eternidad. La vida allí no era sencilla. El padre, Patrick, un clérigo irlandés, afectuoso pero abrumado por las responsabilidades y la pobreza, imponía una educación férrea, basada en la lectura y el recogimiento. La madre había muerto demasiado pronto, dejando un vacío espeso que impregnó cada rincón de la casa y de las almas que allí crecían.

Emily, Charlotte, Anne y Branwell compartían un mundo dentro del mundo. A falta de grandes estímulos exteriores, se inventaron geografías ficticias, imperios literarios, historias minuciosas que alimentaban en cuadernos diminutos. Se reunían junto al fuego, al final del día, cuando el frío descendía como un animal mudo por las paredes de piedra. El viento rugía afuera, y adentro se alzaban las palabras. No eran juegos, aunque tuvieran la apariencia del juego: era un aprendizaje ante la hostilidad del mundo, una trinchera de papel contra la dureza de la vida. Cada uno cultivó su sensibilidad en ese entorno agrio, donde el paisaje se mostraba desolador y hermoso a la vez, donde la muerte visitaba los hogares con frecuencia y sin previo aviso.

El pueblo tenía una sola escuela, con pocos recursos y muchas carencias. El agua, contaminada por el cementerio que desbordaba sus márgenes, causaba enfermedades que la medicina de entonces no sabía curar. Las hermanas Brontë no fueron inmunes a esto. Dos de ellas, Maria y Elizabeth, murieron muy jóvenes, después de haber sido enviadas a un internado en condiciones deplorables. Charlotte nunca olvidaría esa experiencia, y la transformaría más tarde en Lowood, el colegio de *Jane Eyre*. El dolor era una materia prima en aquella casa, pero también lo era la esperanza, y la necesidad feroz de crear.

Haworth no albergaba entonces cafés ni librerías. Era un lugar de tejados oscuros y chimeneas constantes, donde el hollín formaba parte del aire. Las familias trabajaban en los telares, tejían desde la madrugada hasta la noche, y el sonido de los telares manuales marcaba el latido de la economía local. Las mujeres cosían con manos rojas de frío, los hombres morían jóvenes. La literatura parecía un lujo inaccesible para la mayoría, pero en la rectoría se leía a Shakespeare, a Milton, a Byron. Charlotte fue maestra, luego institutriz. Anne trabajó en casas donde se acostumbró al afecto inexistente y a las normas rígidas. Emily, más salvaje, más intuitiva, no soportaba estar lejos de la loma, de los páramos que consideraba suyos, de los vientos que la llamaban por su nombre.

La escritura fue, para ellas, un acto íntimo y secreto. Firmaron con seudónimos masculinos porque sabían que el mundo no estaba preparado para una voz femenina que pensara, que soñara, que escribiera con una intensidad más alta que la de los hombres. Charlotte se llamó Currer Bell. Emily, Ellis. Anne, Acton. Cuando publicaron sus novelas, el mundo tembló. Nadie esperaba semejante potencia de unas mujeres recluidas en un pueblo que ni siquiera aparecía en los mapas. La crítica, desconcertada, buscaba pistas: ¿quiénes eran esos Bell que hablaban con una crudeza tan emocional, con una pasión que desgarraba?

En Haworth la fama tardó en llegar. No había aún peregrinos ni visitantes que dejaran flores en la verja. Las hermanas murieron demasiado pronto, una tras otra, en esa casa donde habían inventado mundos. Emily, la más extraña, la más pura, falleció sin quejarse, como un animal herido que no desea molestar. Anne murió poco después, en Scarborough, y la enterraron lejos de sus hermanas. Charlotte, la última, se casó, pero también murió joven; dejó a su padre como único testigo de aquel milagro que había florecido en su casa sin que él lo comprendiera del todo.

Pero más allá de las Brontë, Yorkshire ha alimentado a generaciones de poetas, narradores, cronistas del alma humana. Ted Hughes nació en este paisaje áspero, y en su poesía se cuela la brutalidad del campo, la belleza ruda de los animales salvajes, el lenguaje ancestral de la tierra. Philip Larkin escribió desde la biblioteca de Hull, atrapado en su escepticismo lúcido, mientras las lluvias repetidas golpeaban los cristales. Incluso Tolkien, antes de crear sus mitos, encontró en estas colinas una suerte de raíz, una resonancia antigua que luego transformó en mapas y leyendas. Las palabras no germinan en cualquier sitio. Yorkshire ofrece un suelo fértil.

Y, sin embargo, hay algo que duele. Algo que se ha perdido. Durante la Segunda Guerra Mundial, muchas aldeas vieron partir a sus jóvenes sin retorno. Algunas estaciones, que antes recibían trenes con niños y soldados, hoy están vacías. Hay bancos oxidados en los que ya nadie se sienta, y relojes que se han detenido en una hora que nadie corrigió. La guerra dejó cicatrices visibles e invisibles. Algunos pueblos fueron bombardeados; otros se vaciaron poco a poco. El silencio que impera en ciertas calles no suena a tranquilidad, sino a ausencia.

York, con su majestuosa catedral, fue uno de los objetivos que por milagro se salvaron de la destrucción total. La belleza de su nave central, de sus vitrales que atrapan el sol como si fuera un secreto, no deja de recordarnos lo que pudo haberse perdido. Los vitrales fueron desmontados y escondidos. Las campanas callaron. La ciudad resistió. Como siempre lo ha hecho.

Algunos oficios se extinguieron. Algunas palabras dejaron de usarse. Algunas canciones dejaron de cantarse. Incluso en las aldeas más remotas, la televisión llevó consigo un idioma distinto, una forma de nombrar que fue borrando el acento áspero y encantador de la región. Hay pubs donde ya no se canta, donde el piano yace cerrado bajo una capa de polvo. Hay ferias que ya no se celebran, y veredas por las que ya no pasa nadie. La memoria se gasta igual que las piedras.

Aun así, hay momentos en los que todo regresa. Basta una tarde de verano, cuando el sol juega a esconderse entre las nubes, para que el tiempo se detenga.

Mientras tanto, en la costa, Whitby vivía otro ritmo, otra respiración. No era un pueblo literario, aunque su belleza inspirara novelas góticas, sino una ciudad viva, comercial, con un puerto lleno de velas y de voces. Las barcas partían cada mañana y regresaban al anochecer, cargadas de pescado, de historias, de sudor. El comercio de azabache florecía en los talleres donde los artesanos daban forma a la piedra negra, sacada de los acantilados con una mezcla de respeto y codicia. El azabache, fósil de árboles ancestrales, se trabajaba como si fuera terciopelo. Era el oro negro del siglo XIX, y su brillo apagado se convirtió en la joya del luto victoriano. Las mujeres que habían perdido a un hijo, un esposo, una madre lucían collares de azabache como quien lleva una herida sobre el pecho.

Los talleres olían a polvo, a barniz, a madera vieja. Los aprendices raspaban, pulían, torneaban. Las tiendas, alineadas junto a la escalera de los 199 peldaños que conducen a la abadía, ofrecían broches, camafeos, pendientes. Cada pieza contaba una pena. Las vitrinas eran altares del dolor, y los escaparates, capillas domésticas del duelo. Aquel comercio tan próspero en apariencia estaba íntimamente ligado a la muerte. Las joyas no brillaban, sino que absorbían la luz, como si quisieran conservarla para un alma ausente. Whitby, con su cielo encapotado, con su costa escarpada, se convirtió en el lugar perfecto para ese culto constante a la pérdida.

La ciudad se extendía en terrazas, escalera tras escalera. Los gatos merodeaban por los tejados, los faroles se encendían temprano, y los pubs se llenaban de humo. Las mujeres tejían redes, los hombres contaban naufragios, y los niños se colaban en los astilleros para escuchar leyendas.

El mar dictaba la vida. Cuando se enfurecía, se llevaba un barco, un nombre, una familia. Cuando se calmaba, dejaba que pescaran. Era juez y verdugo, padre y enemigo.

La abadía dominaba la ciudad desde la colina. En ruinas desde hacía siglos, mantenía una dignidad pétrea, una presencia que se imponía incluso en los días de niebla espesa. Los viajeros la subían como quien asciende al origen de un mito. Desde su esqueleto gótico se divisaba el mar como una promesa inasible. Bram Stoker, mucho después, pasearía por aquellos caminos y escribiría sobre vampiros, pero la verdad es que Whitby ya era entonces un lugar encantado. No por lo sobrenatural, sino por la convivencia extrema entre la vida y la muerte, entre el trabajo cotidiano y la memoria de lo perdido.

En Whitby la marea sube despacio, como si acariciara el puerto antes de reclamarlo. La abadía en ruinas sigue en pie, coronando la colina, recordando un esplendor monástico que se resistió al olvido. La escalinata que sube desde el casco viejo hasta lo alto sigue siendo recorrida por creyentes de otro tiempo: adolescentes góticos, lectores empedernidos de *Drácula*, ancianos con bastón que aún creen en los milagros.

Yorkshire no soñaba con ser un condado para románticos. Era duro, era pobre, era real. En medio de su dureza florecieron las palabras más inolvidables. Las Brontë no escribieron desde el lujo ni desde la serenidad. Escribieron desde el límite, desde la fiebre, desde la ausencia. Whitby no vendía joyas, vendía ausencias, lágrimas, recuerdos petrificados. Y sin embargo, en ambos lugares, en la rectoría fría y en el taller de azabache, latía una belleza oscura y honda, como si la poesía necesitara esa sombra para brotar con más fuerza.

Hoy quienes recorren Haworth o Whitby quizás no comprendan del todo la verdad de aquellos días. Se asoman al paisaje, fotografían las piedras, compran un broche en una tienda de recuerdos. Pero hay algo que permanece, que se insinúa como una voz tenue entre el viento: una memoria que no necesita monumentos, una historia que respira aún entre las paredes de piedra y las colinas de brezo.

La decadencia aquí tiene menos que ver con la ruina que con la belleza. Lo que se ha perdido no desaparece del todo: se convierte en sombra, en susurro, en aroma. Harrogate, con sus jardines geométricos y su aire de novela eduardiana, aún guarda los fantasmas de las damas que tomaban el té a las cinco. La ciudad se salvó de la guerra, pero no de los cambios. Su tranquilidad elegante parece más frágil hoy, como una fotografía que empieza a desteñirse. El agua termal ya no sirve como panacea, y los balnearios se han convertido en hoteles boutique. Pero un perfume persiste: el de una cierta esperanza en la lentitud, en la cortesía, en las pequeñas ceremonias.

También esta ciudad, que tan alejada parece de los tormentos y las pasiones, oculta sus secretos. Harrogate respira un aire de otro tiempo, como si la elegancia eduardiana no hubiera querido irse del todo, como si los jardines meticulosamente diseñados, los bancos bajo los castaños y los hoteles de fachada imponente guardaran aún secretos en voz baja. Hay en sus calles un ritmo pausado, como el de un corazón que recuerda sin urgencia, pero sin olvido. El silencio de sus avenidas alienta menos un vacío que una promesa. Una que se hizo carne, durante once días de 1926, en el misterio más íntimo de una escritora que conocía todos los misterios menos el propio.

Agatha Christie llegó a Harrogate envuelta en su propio enigma. Desapareció una noche fría de diciembre y fue hallada días más tarde en el spa hotel de esta ciudad, registrada bajo un nombre falso; leía los periódicos que hablaban de su desaparición y escuchaba cómo la orquesta de salón tocaba valses lentos. ¿Qué buscaba? ¿Qué había perdido? ¿Qué necesitaba esconder, o quizás olvidar?

El Old Swan Hotel, donde se refugió, conserva algo de aquella atmósfera densa de terciopelo y cristal. Las escaleras crujen bajo los pasos como si contaran cada uno. Los espejos devuelven imágenes con un leve retraso, como si pensaran antes de reflejar. En el comedor aún parecen flotar ecos de conversaciones apagadas, de tacitas de té levantadas con manos temblorosas. Agatha estaba rota. Su madre acababa de morir. Su marido la traicionaba. Su alma, acostumbrada a crear laberintos, se había perdido en el suyo propio. Y vino aquí, al norte, a Harrogate, como quien busca no ser encontrada, como quien espera que el silencio la recomience.

La ciudad, sin embargo, no la delató. Acogió su fragilidad con la misma cortesía con que abría las puertas a las viudas de guerra, a las damas de provincias, a los matrimonios en crisis que venían a tomar las aguas. Porque Harrogate, antes de ser este bonito lugar de postal, fue un refugio. Sus manantiales de azufre, su aire limpio, sus paseos sin sobresaltos fueron bálsamo para miles de almas. No era un lugar para el escándalo, sino para la recuperación lenta, para los días iguales, para el descanso de los privilegiados.

Agatha eligió ocultarse entre la rutina de los otros. Jugaba al billar, cenaba sola, escribía nombres falsos en los registros. Como una de sus propias heroínas, se inventó una coartada. Tal vez fue su forma de sobrevivir: escribir sin papel, ficcionarse para soportarse. Hay quien dijo que sufrió amnesia, otros hablaron de una crisis nerviosa. La verdad es menos importante que la belleza de ese gesto: una mujer que se borra para empezar de nuevo. Que se convierte en personaje para no ser devorada por la autora que ella misma creó.

Harrogate no preguntó. Le ofreció sus bancos al sol débil de diciembre, le ofreció el sonido tenue de las fuentes termales, le ofreció las miradas discretas de los camareros, el perfume de los salones, el abrigo de los pasillos largos. Le dio, en resumen, ese raro consuelo de los lugares que no exigen nada, pero lo ofrecen todo.

Y cuando la reconocieron, cuando la policía llegó, cuando el nombre de Agatha Christie volvió a ocupar titulares, Harrogate siguió siendo la misma. No se alteró. No se convirtió en escenario. No la exhibió. La dejó marchar, como marchan las nieblas al amanecer, sin juicio y sin reproche.

Hoy quien pasea por sus jardines puede sentir todavía la sombra leve de una mujer en fuga, la silueta de una escritora que necesitaba no serlo por unos días. Hay una melancolía sutil en sus callejones, una cortesía antigua en sus edificios, un murmullo de secretos bien guardados. Como si la ciudad aún susurrara: «Aquí no preguntamos. Aquí puede que sanes, por fin».

Y quizás, en lo más profundo, eso sea lo que Harrogate sigue ofreciendo a quienes la buscan: la posibilidad de desaparecer sin desaparecer del todo. De perderse un poco para después encontrarse.

El viaje por Yorkshire no es solo un viaje geográfico. Nos permite un descenso hacia capas más hondas de la percepción. Cada curva del camino, cada parroquia abandonada, cada banco solitario frente a un campo abierto, parece decir algo que no se puede traducir. El alma escucha. El cuerpo, más liviano, deja de luchar. El viajero se convierte en testigo, no en protagonista.

No hay urgencia en esta tierra. No hay prisa por llegar. Los mejores hallazgos son los que no se buscan: una librería en un callejón, un zorro que cruza un sendero al anochecer, una pareja que lleva sesenta años caminando de la mano por el mismo parque. La eternidad aquí no está en los relojes, sino en los gestos que se repiten con ternura.

Muchos vienen por las Brontë, y se van con otra certeza. Que no hay lugar como Yorkshire para reconciliarse con la melancolía. No con la tristeza amarga, pero sí con una pena necesaria. La que permite comprender que vivir es perder, pero que en esa pérdida hay una belleza extraña. Y también un consuelo.

En los días claros parece que los páramos respiren. En los días oscuros, resisten. La lluvia no interrumpe: acompaña. El viento no espanta: libera. Y cada rincón, cada muro cubierto de musgo, cada palabra escrita en una lápida recuerda que en algún momento alguien vivió aquí, amó, escribió, esperó.

LAS CABRAS EN LOS ÁRBOLES

Hay lugares que no existen sencillamente porque no los vemos, donde la miseria y la pobreza se enquistan y se devoran a sí mismas. Para hablar de ellos, de mis viajes, me traje la memoria candente del más pobre de ellos: Ghana.

En Acra, la capital de Ghana, las cabras recorren las calles con la misma naturalidad con la que lo hacen las personas. Son cabras pequeñas, delgadas, de ojos brillantes y andar ágil. No muestran miedo al polvo ni al ruido de los coches. Se cuelan entre los montones de sacos de arroz, junto a las cajas de tomates y los cacharros de metal que se amontonan al borde de los caminos. Están por todas partes. Suben a bancos, a tejados bajos, a cualquier saliente. No las impulsa la curiosidad, sino que la necesidad las ha enseñado a buscar siempre el lugar más alto, el pequeño trozo de rama tierna, el rincón donde nadie las empuje.

Me recuerdan, sin palabras, que todo lo que crece en esta tierra lucha por cada centímetro. Las miro y pienso que son como la gente que trabaja en las misiones: discretos, constantes, atentos a lo invisible. Nadie alza la voz. Nadie se pavonea. Pero algo se transforma cada día, como se adapta una cabra que aprende a vivir sobre los techos.

En Ghana hay niños por todas partes, como un rumor de esa vida que no se detiene nunca. Tienen la mirada limpia, los dientes blancos como la leche, sean de leche o no, y la risa fácil. Se mueven en grupos como los gorriones, sin quedarse quietos. Llevan ropas que fueron de otros, camisetas que les quedan grandes, vestidos llenos de color con costuras que ya se han rehecho varias veces. A veces uno tiene el pantalón desgarrado, otro anda descalzo. Pero el polvo en sus pies es el polvo del juego. Se tiran al suelo, se persiguen, se esconden. Los fascina la cámara, pero más los fascina saberse vistos, saberse queridos. Una niña me preguntó si yo también tenía madre. Otro me tocó el pelo como si fuera un animal extraño. Algunos tienen los vientres redondeados, las marcas visibles de una alimentación que no alcanza. Su energía es contagiosa. No hay en ellos resignación. Lo que se respira, incluso en la escasez, es una forma de alegría muy seria, muy antigua, muy poco complaciente.

En uno de los barrios de Acra visitamos una escuela. Los niños hacían fila para recibir su almuerzo con una disciplina asombrosa. Llevaban uniformes pulcros, camisas bien abrochadas y mochilas colgadas con cuidado de un solo hombro. Nos recibieron con canciones, con poemas recitados de memoria. Sus ojos no buscaban compasión, me exigían una escucha. La maestra, una mujer alta, elegante, con una voz clara y poderosa, nos habló de su vocación como quien habla de un destino inevitable. Su amor por sus alumnos se percibía en cada gesto. Los corregía con ternura, los llamaba con diminutivos. Hablamos un buen rato. Me dijo que la enseñanza era su manera de resistir en un mundo que no soportaba, de sembrar un poquito de futuro. En su clase no faltaba el entusiasmo. Allí dibujaban, cantaban, aplaudían. Hacían teatro. Aprendían matemáticas con palmas y colores. Y cuando reímos con ellos, cuando uno de ellos se atrevió a hacernos una broma, me di cuenta de que aquella escuela, humilde y brillante, encerraba una esperanza real. No una promesa vaga, no una intención más o menos noble, sino la certeza de que otro mañana es posible, y que empieza en esos pupitres.

Más al norte, en Tamale, escuchamos las voces de otros jóvenes, chicos y chicas con movilidad reducida, que viven con una dignidad feroz en un entorno difícil. Algunos necesitan muletas, otros se trasladan en sillas de ruedas que han sido reparadas mil veces. Las chicas se mueven con la misma determinación que los chicos, aunque sus piernas ocultas bajo telas largas hablen también de heridas que no siempre se muestran. Uno nos cuenta que su familia pensaba que no podría estudiar. Otro dice que, al conseguir su silla, fue como recibir alas. Las historias que comparten están llenas de silencios que pesan, pero también de una voluntad que no se disuelve. Ríen, se interrumpen, se animan unos a otros. En sus palabras hay más valentía que lamento. No se consideran víctimas, sino supervivientes. Y eso, en un mundo que les niega incluso la visibilidad, conmueve durante días, durante meses.

No hay ansia de espectáculo en estas vidas. Ni adornos. Todo es verdad. Todo se resume en un cuerpo que se levanta temprano, que aprende a mirar lejos, que no se permite rendirse. Ghana no se puede entender en una semana ni en un informe. Hay que escuchar los pasos de las cabras entre el polvo. Hay que mirar cómo un niño sostiene su cuaderno con ambas manos como si fuera un tesoro. Hay que dejar que el corazón se hunda un poco al oír a una niña decir «quiero ser médica» como quien recita una plegaria. Y hay que volver de allí con la conciencia de que lo que realmente importa en la cooperación no es lo que una da; nunca es lo que una da.

Hablan con la serenidad de quienes han atravesado la noche más larga y aún conservan, intacta, la esperanza. Dicen que haber nacido en este rincón del mundo y en este preciso momento es, pese a todo, un don. No un privilegio, sino un motivo para un día más, y otro, y otro. Porque lo vivido no los ha encogido ni endurecido: los ha templado. Lejos de esconderse en la penumbra de sus chozas circulares —esas viviendas de barro que, agrupadas como cuentas de un collar, forman el latido familiar de cada aldea—, han elegido abrirse paso. No desean ser una isla. No les basta con avanzar solos. Quieren arrastrar al pueblo con ellos, empujarlo con dulzura y constancia hacia algo más amplio, más justo. Lo personal se funde con lo colectivo.

El yo se disuelve y se transforma en un nosotros obstinado, laborioso, luminoso.

Uno de ellos se presenta como maestro. Lo dice con la sencillez de quien sabe que la semilla más pequeña puede contener un bosque. Tiene la espalda recta, los ojos tranquilos, la voz limpia. Pide más ayuda, más tiempo, más miradas. No para sí, sino para su comunidad. Nos hemos reunido con ellos en un claro abierto entre caminos polvorientos. A nuestro alrededor cae la noche: una noche tibia y densa, salpicada de luciérnagas, de susurros, de mujeres que pasan con cestas sobre la cabeza. Hay llamadas a la oración, hay mosquitos, hay pasos que se alejan. Pronto todos regresarán a sus casas, desafiando una oscuridad sin farolas ni accesos sencillos. No hay rampas ni ascensores. Las voces que escuchamos se alzan. «Pedimos para todos. Y sabemos que lo lograremos», dicen.

La vida brota con fuerza en Ghana. Cada día, sobre esteras de tela extendidas en el suelo de las chozas, nacen niños. Las madres, acompañadas por comadronas formadas y valientes, sortean cada parto como una travesía incierta. Si surge una complicación, deben actuar con urgencia: el hospital más cercano puede estar lejos, el transporte es escaso, el camino abrupto. A menudo, una moto sustituye a la ambulancia. Pero se avanza. Se enseña a las comadronas a distinguir las señales, a intervenir, a salvar. El conocimiento se transmite como un fuego antiguo, de mujer a mujer, de generación en generación.

Zabzugu se despereza al alba con el murmullo de los molinos y el canto lejano de los gallos. Las mujeres, con bebés atados a la espalda, se dirigen al hospital, donde las salas de maternidad, ahora equipadas con incubadoras y concentradores de oxígeno, ofrecen una esperanza renovada para los recién nacidos. En las escuelas, los niños comparten pupitres y sueños, mientras iniciativas como la Liga de Higiene Escolar promueven entornos más saludables para aprender. Las comunidades, unidas por la necesidad y la esperanza, han recibido pozos mecanizados que alivian la carga de buscar agua.

Allí, en Zabzugu, visitamos la zona más luminosa del hospital: la maternidad. Allí, en camas ordenadas y bajo sábanas limpias, reposan madres exhaustas junto a sus recién nacidos. Están solas. No hay maridos ni abuelas. El cansancio les borra el gesto. Muchas han sobrevivido a partos difíciles. En pocas horas, se incorporarán, ajustarán al bebé sobre su espalda y partirán de regreso a sus aldeas. Las observo, frágiles y silenciosas, y me cuesta creer que lo harán. Pero lo harán. Lo hacen cada día. Las enfermeras y los médicos hablan sin rodeos de anticoncepción, de prevención, de nutrición. Nos muestran la ropa tendida al sol, los depósitos de agua, los materiales donados con generosidad y rigor. Todo limpio. Todo útil. Todo preparado para resistir.

Al pedirles si nos enseñan a sus hijos, los rostros de esas mujeres se transforman. Una sonrisa suave, casi secreta, les cruza la cara. Tocan la piel tibia de sus bebés. Susurran palabras en lenguas que no comprendemos. Les deseamos suerte. Ellas asienten. En ese gesto hay una fuerza difícil de nombrar. Una fe tranquila en lo que vendrá.

En Dindo Nyankpala, en el corazón rural del país, se practica una economía de confianza. Dindo Nyankpala se asienta en la sabana como un grano de mijo rojizo: discreto, indispensable. A mediodía, la tierra ocre parece latir bajo los tamarindos, y se oye, a lo lejos, el rumor constante del molino arrocero que sostiene la economía del pueblo. Hileras de bicicletas cruzan el polvo: son estudiantes que pedalean hacia el campus de la Universidad para el Desarrollo, donde los laboratorios de suelos y las parcelas experimentales mezclan ciencia joven con sabiduría antigua.

Al caer la tarde, las mujeres trazan un círculo bajo el *néré* más ancho; de sus faldas salen billetes cuidadosamente alisados que alimentan la caja de ahorro común: un pozo hoy, mañana quizás un aula nueva. Los hombres, un paso atrás, escuchan y asienten; los niños corretean, y memorizan sin saberlo la coreografía del futuro. Entonces se encienden los hornillos: el aire se llena de la fragancia verde de la moringa tostada y de la primera molienda de arroz, mientras un tambor solitario marca el compás de la noche que avanza.

Veinticuatro kilómetros al sur, Tamale manda destellos de luz eléctrica; aquí, en cambio, la luna basta. Bajo su claridad, las charlas se alargan: se habla de cultivos resilientes, de las lluvias que vendrán, de becas que abrirán puertas más allá del horizonte. Y cuando el coro de ranas sustituye al bullicio humano, Dindo Nyankpala parece quedar inmóvil, aunque todo —las ideas, los planes, la esperanza— siga germinando en silencio.

Bajo la sombra de un árbol o en el centro de una plaza

de tierra, la comunidad se reúne una vez al mes. Las mujeres primero. Los hombres, después. Se cuentan los billetes al aire libre. Se anotan cifras en una libreta común. Se decide el destino del dinero: un pozo, una escuela, una máquina para moler grano. Los niños observan desde los bordes del círculo, atentos. Aprenden. Saben que ese gesto compartido les pertenece también a ellos.

Y existe una respuesta humilde y prodigiosa al hambre: la moringa. Este arbusto milagroso crece deprisa, resiste, ofrece hojas cargadas de proteínas. Con él se cocinan papillas, infusiones, buñuelos que huelen a hogar, sopas que fortalecen a las madres recién paridas, a los pequeños desnutridos, a los cuerpos fatigados por el calor y el esfuerzo. Están aprendiendo a cultivarla, a transformarla, a convertirla en parte del paisaje. Las cocineras improvisan con lo que tienen, e inventan nuevas formas de alimentar a los suyos. «Estamos más fuertes —dicen—. Nos sentimos mejor». Y se nota: sus risas, sus pieles brillantes, el modo en que se mueven con soltura entre la tierra y el sol, lo confirman.

En cada rincón las cabras diminutas se encaraman a los árboles como si intuyeran que el futuro está aún más arriba. Los hombres, las mujeres, los niños de este país las miran casi sin ver. Ellos también van, sin dudas, hacia las alturas. Entre niños que corren descalzos pero no desamparados, entre adultos que se niegan a rendirse, hay una certeza que se repite: la esperanza no es un privilegio, es una decisión. Y aquí, en este país que algunos siguen mirando con lástima, esa decisión se toma a diario.

EL CAMINO AL NORTE

Desde el sur, el norte apenas es una abstracción. Yo siempre creía que era del norte hasta que viajé al norte real, al otro fin del mundo que finaliza en hielos, fiordos y lagos en el extremo de Europa. Y cuando llegué allí pensé en cómo contaría, de regreso a casa, que lo que allí había visto era real.

Finalicé mi novela *Diabulus in musica* en Oslo, en un mes de julio tibio y azul de 2001, cuando aún la historia no se había quebrado por completo. Desde la habitación alta del hotel Ópera, entonces el más moderno de la ciudad, contemplaba un puerto en demolición y una ciudad en construcción, sin saber que vivíamos los últimos días de una inocencia que ya no volvería. Las Torres Gemelas aún erguían su doble perfil sobre Nueva York, y Noruega era, como sigue siendo, una tierra suspendida entre la fábula y el porvenir.

Había viajado hasta allí con la vaga intuición de que algo esencial se modificaría dentro de mí. Y sucedió: entre los perfiles de las montañas que asoman al fiordo, entre la gente que caminaba sin apuro y sin miedo, se me rompió el corazón, y tuve que sustituir la ilusión inicial por el aprendizaje que la vida quisiera darme.

Comprendí que en Noruega el tiempo tiene otro ritmo, otra densidad. Cada mañana despertaba con la sensación de haber avanzado unos años hacia delante. Era visible en los trenes que cruzaban, como cuchillas de plata, los glaciares entre Bergen y Oslo; en los catamaranes que surcan las aguas brumosas del oeste, o en los barrios que entonces empezaban a alzarse junto al mar: paredes de cristal, líneas limpias, acero, silencio. El edificio nuevo de la ópera emergía ya en las maquetas, y yo veía en aquel gesto de reconstrucción una promesa de civilización.

En torno al año 2000, Oslo comenzó a mirarse en el espejo del agua y, por primera vez en mucho tiempo, no apartó la vista. Como si despertara de un largo letargo industrial, la ciudad decidió desandar el camino de su crecimiento desordenado para tejer una nueva piel junto al fiordo, más clara, más abierta, más luminosa. Fue entonces cuando comenzó una transformación profunda, silenciosa pero decidida, que no solo cambiaría el perfil de la capital noruega, sino su propio espíritu.

Durante décadas, el frente marítimo había estado secuestrado por fábricas, almacenes, muelles oxidados y barreras ferroviarias. Era una franja gris, práctica pero inerte, donde el mar apenas se dejaba ver, y donde nadie iba a pasear, a respirar, a detenerse. Oslo vivía de espaldas a su fiordo, como si temiera su vastedad, su reflejo. Pero a comienzos del siglo XXI, la ciudad dio un paso valiente: quiso volver al agua. Y ese regreso fue, en realidad, una clara declaración de intenciones.

En realidad, yo veía de nuevo lo vivido, como si no hubiera aprendido todo lo que debía aprender de lo que habíamos hecho en Bilbao para devolverla a la vida. La intención era idéntica, los pasos, muy parecidos. Bajo el nombre de *Fjordbyen* —la ciudad del fiordo— se diseñó un ambicioso plan urbano para reimaginar Oslo. El objetivo no era construir rascacielos ni reproducir modelos foráneos, sino un equilibrio entre arquitectura, naturaleza y ciudadanía. La ciudad debía constituir un espacio habitable, humano, sereno, en el que lo moderno no destruyera lo antiguo, sino que lo abrazara.

Una de las primeras señales de ese renacer fue la demolición del antiguo puerto y la recuperación de toda la zona de Bjørvika. Allí, donde antes se acumulaban grúas y contenedores, comenzó a alzarse un nuevo corazón urbano. El símbolo más visible de este cambio fue ese edificio de la ópera de Oslo, una estructura blanca, de mármol y cristal, que parece emerger del mar como un iceberg encantado. Firmado por el estudio Snøhetta, no fue concebido como un templo cerrado, sino como una plaza pública: sus tejados inclinados invitan a caminar sobre ellos, a mirar el horizonte, a encontrarse.

Y otra vez, como cuando era niña, enfermé cuando los metales pesados ascendieron tras la demolición. En este caso fue la piel, que reventaba en ampollas según me asomaba al aire: pasé semanas encerrada, con un libro, con mis apuntes para la siguiente novela, hasta que mi organismo se acostumbró al polvo metálico y sus misterios.

La ópera fue la primera piedra de una metamorfosis más amplia. A su alrededor crecieron otros edificios audaces, como el Museo Munch, el nuevo centro Deichman de la biblioteca pública, y la hilera de torres dispares y esbeltas que forman el Proyecto Barcode, una especie de código de barras arquitectónico que redefine el *skyline*. Pero más allá del diseño, lo que se buscaba era transparencia, sostenibilidad, integración. La ciudad debía respirar. Y lo hizo.

Los espacios públicos florecieron. Aparecieron parques, ciclovías, zonas peatonales, playas urbanas donde antes no había más que hormigón. El agua volvió a ser protagonista: se navegó, se paseó, se detuvo. Y con ella volvió también una cierta poesía del vivir, ese arte nórdico de disfrutar sin ruido, de transformarse sin destruirse.

La renovación de Oslo en el año 2000 supuso una reconstrucción emocional. La ciudad dejó de ser dura y contenida, y se volvió permeable. Aprendió a mezclarse con su entorno, a mirar hacia fuera, a invitar. Y en ese gesto, aún en marcha, reside algo profundamente noruego: la certeza de que la belleza es una forma de respeto, y el urbanismo, una forma de cuidado.

Pero no todo era futuro. A veces, bastaba con mirar hacia las colinas para volver de golpe al pasado: pequeñas casas de madera, pintadas de rojo o mostaza, resistían entre la tundra como notas antiguas. En sus ventanas sin cortinas, los adornos de cerámica y cobre, la tibieza interior, el rumor de una estufa. Incluso en Oslo, bajo la piel del progreso, algo ancestral persistía. Caminaba por sus calles como quien hojea un libro ilustrado: en cada rincón se escondía un fragmento de leyenda o un vestigio de otro tiempo.

Por entonces, Noruega no era todavía un destino de moda. Tierra lejana, misteriosa, más costosa que exótica. Porque todo era caro: una taza de café, un paseo en autobús, una entrada al museo. Junto a ello, lo valioso: el silencio, la cortesía sin esfuerzo, la educación espontánea de los niños. Sorprendía el modo en que se integraba el respeto en los gestos cotidianos, como si el mundo aún funcionara en un código de elegancia olvidado. Las mujeres caminaban con seguridad; los dependientes sonreían con calma; los autobuses llegaban puntuales bajo la lluvia. Todo parecía formar parte de un pacto secreto con la armonía.

De Noruega hay que llevarse, al menos, dos estaciones. Una es el verano que no duerme: el sol de medianoche, esa luz detenida que baña los bosques y las aguas durante días, desorientando al cuerpo y maravillando al alma. La otra es el invierno profundo, cuando el cielo se raja en luces verdes y violetas, y las auroras boreales parecen una danza del más allá. La primera vez que vi esa luz pensé que el mundo se deshacía sobre sí mismo, como un velo incendiado.

Para ello yo recomendaría acercarse hasta Tromsø. Quien llega hasta allí lo hace con el corazón ya dispuesto a dejarse impresionar, con la certeza íntima de que algo extraordinario le espera más allá del círculo polar. Y sin embargo, nada prepara realmente al viajero para lo que encontrará en esta ciudad del norte extremo, en esta isla de luz suspendida entre la nieve, el hielo y las estrellas. Tromsø no es solo un lugar: es un umbral. Una frontera entre lo que creemos saber del mundo y aquello que, en el fondo, aún ignoramos.

Situada a casi setenta grados de latitud norte, Tromsø es un milagro de calidez humana en un paisaje que podría parecer, a primera vista, hostil y remoto. En invierno, las noches son largas como siglos y el sol desaparece durante semanas enteras. Entonces ocurre el prodigio: en mitad de la penumbra, comienzan a danzar las luces del norte. Las auroras boreales no llegan de golpe. Un resplandor verde en el borde del cielo, una ondulación púrpura que se despliega con lentitud, como una tela que flota. No hay dos iguales, y ninguna se deja atrapar del todo.

Pero Tromsø no ofrece solo la promesa de auroras. Durante el día, la ciudad se abre como una flor entre la escarcha. Sus casas de madera pintadas de colores suaves, el puente que la une con el continente, el puerto donde duermen los barcos pesqueros: todo parece dispuesto con una delicadeza silenciosa. Es posible caminar durante horas, sin prisa, dejando que los pasos se acompasen con el crujido de la nieve, entre iglesias de tejados nevados, librerías cálidas, cafés donde la luz de las velas parece perpetua y las conversaciones transcurren en voz baja, como si el mundo no tuviera necesidad de alzar la voz.

El viajero que llegue a Tromsø encontrará también ciencia y aventura. Aquí se levanta uno de los observatorios astronómicos más importantes de Europa, y aquí se organizan expediciones hacia el Ártico, hacia Svalbard, hacia el mundo blanco donde aún habitan osos polares. En sus museos, como el Polaria o el Museo de la Universidad de Tromsø, la historia natural se entrelaza con la memoria sami, el pueblo indígena del norte, cuya cultura resiste como una llama antigua, y cuyo modo de vida todavía hoy marca el ritmo de estas tierras nevadas.

En verano, la ciudad se transforma. La nieve se retira, el hielo se derrite y el sol regresa con tal insistencia que no se pone jamás. El viajero podrá entonces embarcarse en travesías por los fiordos, avistar ballenas y frailecillos, caminar por senderos que cruzan montañas suaves cubiertas de flores diminutas, donde el azul del cielo y el del agua se funden sin bordes. Es la estación del deshielo, del renacer, y también del asombro callado. El sol de medianoche no brilla con violencia: se desliza. Se queda en el horizonte como una promesa que no quiere romperse.

Y si uno decide alejarse un poco del centro, basta con tomar un funicular —el Fjellheisen— para ascender a lo alto de la montaña Storsteinen. Desde allí, Tromsø se abre como una miniatura en la palma de la mano. Las luces de la ciudad parpadean como joyas en la oscuridad. El fiordo serpentea entre las islas, y los Alpes de Lyngen se alzan, blancos y solemnes, como guardianes antiguos. No hay ruido. Solo el viento. Solo el silencio. Y, quizás, el latido profundo de una tierra que se encastilla en su misterio.

Tromsø, pese a su pequeñez aparente, guarda en sí la densidad de un mundo entero. Es una ciudad que mira hacia el norte sin miedo. Que vive en la frontera entre lo visible y lo invisible. Y que, sin pretensiones, transforma a quien la visita. Allí donde la oscuridad reina durante semanas, los corazones aprenden a encenderse por dentro. Allí donde el hielo podría aislar, nace en cambio una forma de calidez más sincera, más honda. No hay máscaras en Tromsø: el frío las rompe todas.

Desde Tromsø, con sus cielos amplios y sus tejados blancos, puede emprenderse la travesía hacia el círculo polar. Un tren lleva hasta Narvik, donde comienza una geografía de hielo y aliento. La carretera, limpia pero exigente, obliga a la atención constante: la escarcha es traicionera. Alta, encajada entre montañas, se convierte en el lugar ideal para detenerse, para contemplar el cañón excavado por el río Altaelva y buscar allí las huellas verdes del firmamento. A veces, el frío parece abrir pasadizos hacia otra dimensión.

En las tierras de los samis no hay caminos rectos. Karasjok y Kautokeino son nombres que suenan a invierno, a cuentos que apenas recordamos. Allí los niños juegan entre renos y estufas, montan a caballo en la nieve y aprenden que el mundo puede ser vasto y silencioso. Todo recuerda a un cuento: las montañas tienen rostro; los árboles, voces; las piedras, memoria. Si uno escucha con suficiente atención, se podría jurar que los trolls siguen escondidos en las grietas.

Y luego, tras el asombro y el hielo, llega el consuelo: si regresamos a Oslo, podemos tomar un chocolate caliente en la avenida Karl Johans, donde las fachadas neoclásicas parecen flotar sobre el suelo. Los escaparates brillan, los abetos iluminados se reflejan en los charcos, y uno recuerda que Noruega no es solo vastedad y vértigo, sino también calidez y medida.

Un desfile de sombras sobre la piedra clara: así empieza la avenida Karl Johans cuando el sol decide filtrarse entre los tilos. No hay prisa. La ciudad no la necesita. A esta hora, los estudiantes del campus caminan con los auriculares puestos, los jubilados leen en los bancos verdes del parque Spikersuppa y un violinista ejecuta una melodía triste frente al parlamento. Nadie lo mira. Nadie le da dinero. Pero él sigue tocando, como si en Oslo las notas fueran un derecho civil.

La calle es ancha pero no imponente. Nunca fue pensada para la solemnidad. Es un eje, sí, una espina dorsal que conecta el palacio con la Estación Central, pero más que eso es un tejido vivo de cosas pequeñas: puestos de flores, fachadas con nombres antiguos, escaparates que ofrecen más libros que ropa. Es posible cruzar Karl Johans en cinco minutos. O en una vida entera.

Aquí vivió Munch un tiempo. Aquí escribió Ibsen, fumando tabaco negro, las escenas más áridas del teatro noruego. Pero sus nombres no se gritan en letreros ni en placas doradas. Hay que intuirlos. El Teatro Nacional aún alza su marquesina con una sobriedad casi apagada. Frente a él, una estatua de Bjørnson parece a punto de marcharse. Detrás, el bullicio de los tranvías recuerda que esto no es una postal, sino una ciudad que aún se reinventa cada día.

Un desvío breve lleva a la calle Kristian IV. Una calle más pequeña, más discreta. Aquí la arquitectura se vuelca en detalles: relieves de dragones, ventanas con visillos, esquinas que parecen pensadas para el susurro. Hay una tienda de discos con jazz noruego. Una cafetería donde los camareros no preguntan el nombre, pero recuerdan el café con leche sin azúcar. En el número 18 persiste una floristería que huele como una mañana de junio.

En invierno todo se vuelve una película muda. La nieve atenúa los pasos, borra los carteles, funde el gris con el blanco. Subyace una ternura silenciosa en los tejados nevados, en los árboles desnudos, en la luz oblicua que llega, cansada, hacia las cuatro de la tarde. Kristian IV se llena de lámparas en las ventanas, y las cafeterías se convierten en refugios. El mundo se contrae, pero no desaparece: solo espera.

Y luego está la línea invisible que lo une todo: el ritmo de las vidas noruegas, tan lejos del exceso, tan cerca del orden. Las conversaciones son breves. Los gestos, suaves. Pero si uno se queda el tiempo suficiente, aprende a leer lo que no se dice. Aprende a oír lo que no se nombra. Oslo no ofrece fuegos artificiales. Es más bien una brasa. Calor contenido. Luz bajo la ceniza.

En el centro de Oslo, las horas se posan como pájaros. Como copos. Como esas memorias que no hacen ruido, pero que uno lleva siempre dentro. Diez años después regresé. Ya no era la misma. La ingenuidad de la primera vez había dejado paso a una mirada más cansada, menos confiada, pero el asombro persistía. Había escrito una novela en Oslo, y ahora otra nacía de ese regreso: *La flor del Norte*, la historia de una mujer que busca en el hielo las claves de su destino. Noruega volvió a entregarme un paisaje interior, una especie de brújula secreta.

Y sí: sigue siendo uno de los lugares más hermosos del mundo. No por sus monumentos ni por sus récords, sino por su aliento sin estruendo, por la belleza callada que anida en sus lagos sin nombre, por los reflejos de la luna en los fiordos, por la manera en que el silencio se convierte en conversación.

De la flor del Norte, de mi flor del Norte, sabemos apenas nada. Cuando hablo de ella, trato de la princesa Kristina de Noruega, cuya figura no ha dejado de agrandarse con el paso de los siglos, envuelta en esa niebla espesa que envuelve a quienes mueren demasiado pronto y demasiado lejos de casa. No hay documentos que nos hablen con claridad de su vida, apenas unas crónicas fragmentarias, unos versos, algunas esculturas que representan a su linaje, y, sin embargo, en su sombra intuimos algo más grande: el eco de un viaje que nadie comprendió del todo, la cicatriz de un destino impuesto, la ternura silenciosa de una mujer desplazada entre imperios.

Era hija del rey Haakon IV, nacido en mitad de un tiempo salvaje y cruel, el siglo XIII, en una Noruega rota por guerras internas y asfixiada por la sospecha. Su legitimidad fue discutida desde su cuna y su infancia se forjó entre la violencia, los juramentos forzados, las hambrunas y la inclemencia de los largos inviernos árticos. Pero al final, contra todo pronóstico, Haakon logró consolidar su poder, unir a los nobles dispersos y obtener el reconocimiento de la Iglesia. Fue entonces cuando llegó el tiempo de la tregua, y, en medio de esa calma escasa, nació Kristina. Era hija de la paz, aunque estuviera hecha del mismo material que los exiliados: la obediencia y la nostalgia.

Kristina creció lejos de las intrigas, al amparo de una corte que había aprendido a disimular la melancolía. Su niñez, si acaso tuvo una, transcurrió entre la contemplación y la espera. En una época en que las princesas eran moneda de cambio, su permanencia en Noruega más allá de la adolescencia resulta enigmática. ¿Por qué no fue casada a los catorce o quince años, como era costumbre? ¿Se la reservó su padre para un enlace más ambicioso, tal vez con un trono más poderoso? ¿O acaso las circunstancias cambiantes de la política europea le cerraron las puertas de alianzas prometidas?

Se ha dicho que hubo aspiraciones de convertirla en reina de Castilla, en caso de que Violante de Aragón, esposa de Alfonso X, resultara estéril. Pero Violante comenzó pronto a parir hijos, y la posibilidad se desvaneció. Entonces, cuando ya tenía veinticuatro años —una edad madura para los estándares del siglo XIII—, surgió la embajada castellana. Llegaron a la corte nórdica con promesas de alianza, envueltos en las pieles ricas de sus tierras cálidas, portando palabras en un idioma que Kristina no entendía. Querían un vínculo con Noruega, tal vez por razones imperiales, tal vez por un impulso de exótico prestigio, o por el simple deseo de demostrar poder en todos los extremos de Europa.

Así fue enviada Kristina, sin certeza sobre con quién habría de casarse, como si su destino pudiera decidirse más adelante, como si su cuerpo fuese una carta que se entrega cerrada, sin saber qué mensaje guarda en su interior. Embarcó con un séquito escaso, cruzó el mar hacia Inglaterra y descendió por tierra a través de Francia. Dicen que el rey Luis se mostró frío, poco hospitalario, quizá receloso de aquella noble nórdica cuya misión no comprendía del todo. Siguió entonces su viaje hacia el sur, atravesando los Pirineos, adentrándose en tierras de Aragón, donde el rey Jaime I quedó deslumbrado por su presencia.

La historia, recogida en la saga de Sturli Thordarson, narra que Jaime el Conquistador se prendó de Kristina. Viudo, poderoso y entrado en años, le ofreció su trono si accedía a quedarse en su corte. Él la habría hecho reina, ella habría sido madre de un heredero, y habría vivido en una tierra menos ajena, menos dura. Pero Kristina dijo que no. Su respuesta, silenciosa o pronunciada en voz baja, sigue retumbando a través de los siglos. Dijo que no a una corona para cumplir con su palabra. Tal vez creyó en la lealtad más que en el deseo, o tal vez ya había comprendido que su destino no se le permitiría escogerlo.

Cuando llegó a Castilla, no la esperaba un rey, sino uno de sus hermanos. Alfonso X, el Sabio, le ofreció a Kristina la posibilidad de elegir entre varios infantes. En una Europa donde las mujeres eran dadas, no ofrecidas, aquella elección resultaba tan inaudita como su viaje. Kristina eligió a Felipe, el menor, un hombre formado para la Iglesia, culto, refinado, pero sin aspiraciones políticas. Fue un matrimonio sin gloria, sin hijos, sin trascendencia. Y sin embargo, tal vez haya sido eso lo que Kristina buscaba: ni el poder ni un linaje, sino una salida tranquila de su casa terrible y fratricida, una tregua sin más ambición.

Murió a los pocos años. No tenía ni treinta. Su cuerpo, creen algunos, fue enterrado en Covarrubias, en la iglesia de San Cosme y San Damián, lejos de las nieves de su infancia, lejos del mar que había cruzado, lejos incluso del marido con quien apenas convivió. Durante siglos, su tumba fue olvidada, despojada de honores, como si todo lo que trajo consigo se hubiese disipado. Solo una inscripción recuerda su paso: *Christina, infanta de Noruega*. No dice esposa, ni reina, ni madre. Solo su nombre, como si eso bastara.

Y sin embargo, no se ha olvidado. En Covarrubias, aún hay quien deja flores. Se han encendido velas, se han tejido leyendas. Algunos dicen que Kristina pidió construir una capilla a san Olaf, patrón de su país, y que su deseo nunca se cumplió. Dicen también que su alma quedó suspendida, esperando que algún día se cumpla esa promesa rota. No es casual que fuera precisamente en Covarrubias donde, ya en el siglo XXI, se impulsara la construcción de una capilla dedicada a Olaf. Una forma tardía de reparar el abandono. Una caricia demorada, quizá demasiado.

En el fondo, Kristina representa algo más que una princesa olvidada. Su historia encierra el drama de los matrimonios dinásticos: esos pactos de sangre en los que las mujeres eran enviadas como ofrendas, como signos de tregua entre reinos que no se comprendían. Viajes sin retorno, votos sin amor, destinos sin elección. Cuerpos sacrificados por la idea de la paz. Nadie preguntaba a esas mujeres si querían irse, si querían casarse, si entendían el idioma del país donde vivirían hasta morir. Se esperaba de ellas que sonrieran, que fueran fértiles, que no se quejaran.

Y aun así, de ese sacrificio brota una belleza extraña. Porque Kristina no fue una víctima sin voz. Dijo que no a una corona, eligió a su esposo, cruzó un continente sin saber si encontraría consuelo. Su acto final fue un asentimiento, un acuerdo íntimo con la muerte. En ella hay algo de mártir y algo de viajera. No es una santa ni una heroína, pero fue fiel a un deber que no eligió. Su silencio resiste. Su nombre permanece. En una tumba que ni siquiera sabemos si alberga su cuerpo, en un pueblo escondido de Castilla, duerme la memoria de la princesa del norte.

Yo conocía el fin del mundo del oeste, pero me faltaba por llegar al confín donde me esperaban los dioses del martillo y el trueno. Finnmark: el confín noruego, donde la tierra comienza a deshacerse en hielo y cielo, y la lógica se quiebra ante la vastedad. La última frontera. Aquí termina Europa y empieza algo que no tiene nombre. Un mundo anterior, tal vez, o el mismo principio del tiempo. Según la mitología nórdica, al inicio no existía más que hielo y vacío. Una vaca mítica, Audhumbla, lamía con ternura la escarcha de una roca. Bajo su lengua paciente brotó Buri, el primer ser humano. Y cuando uno avanza hacia el norte extremo, cuando se interna en la tundra silente, cuando el aire se vuelve tan puro que corta, esa historia cobra sentido. Porque todo en Finnmark parece estar aún cubierto por la primera capa de hielo del mundo. Bajo la nieve se intuyen formas que no son solo de animales ni de hombres, sino de una humanidad anterior, aún no del todo extinguida.

En la llanura infinita de Finnmarksvidda, donde el viento inventa voces y las sombras se alargan sin que las provoque el sol, uno aprende a mirar distinto. La belleza aquí es otra cosa, una leve presencia. Y en medio de esa blancura inmóvil, una ráfaga de color puede ser casi una revelación: una iglesia de tejado agudo, pintada de rojo como si sangrara en la nieve. Unas casas de madera que recuerdan al color del hígado o al azul oscuro de los lagos de verano. Un hotel que parece tallado de un solo bloque de hielo oscuro. Ráfagas de renos, siempre renos, que parecen flotar en el paisaje como si fuesen parte de una leyenda. En las ciudades más grises, si uno no se deja cegar por el desamparo aparente, hay calor en las ventanas, en las velas encendidas, en la quietud de los barcos dormidos. Hay que aprender a ver con otros ojos. A no esperar calles como las que nos enseñaron. A no buscar luz en el mismo lugar. Todo es otro código, más que extranjero, extraterrestre.

El verano no es la estación propicia. Atrae a los visitantes, pero no revela la esencia. La luz continua desdibuja los rostros, aplana los paisajes. En el campo los insectos muerden con furia, y la hierba brota demasiado ácida. En el otoño la tundra arde de color, en la primavera el deshielo revela lo oculto. El invierno, si se soporta, si no se teme al frío, si uno acepta que la oscuridad también puede ser una forma de claridad, es cuando Finnmark se convierte en otra cosa. Bajo la noche larga, las ciudades brillan con una dignidad innegable. Los pueblos aparecen como islas iluminadas bajo la amenaza del cielo. El viajero, solo, es el único despierto bajo la luz improbable del sol de medianoche, o entre las pestañas danzantes de una aurora boreal.

No hay un solo camino. Finnmark no se recorre como otras regiones. Se atraviesa, se bordea, se escucha. Las ciudades —Alta, Hammerfest, Karasjok, Kautokeino— no son paradas, sino silencios en la eterna noche. Algunos viajan desde el este, desde Finlandia o Suecia. Otros vuelan a Oslo o Bergen, y desde allí alcanzan Tromsø, antes de emprender el salto hacia el norte profundo. Los trenes noruegos terminan pronto; la última estación es Narvik. Lo demás hay que hacerlo en coche, en autobús o en audacia. Las carreteras están impecables, pero la escarcha es traicionera, y a veces el cielo se desploma sin previo aviso. Desde Tromsø hasta Alta, el trayecto se hace largo, de más de cuatrocientos kilómetros, y en él se funden todos los climas, todas las luces, todas las historias del norte.

En Alta, el río ha excavado un cañón donde el agua golpea con furia y belleza. Es tierra de auroras. Aquí el cielo se convierte en un tapiz donde los dioses ensayan coreografías imposibles. Y si se mira el suelo, se encuentra lo más antiguo: las pinturas rupestres de Hjemmeluft, en las que los antiguos grabaron en rojo lo que sabían del mundo. Ballenas, renos, hombres que cazan o danzan. El color, sorprendentemente vívido, resiste el tiempo. Son las huellas de los antepasados de los samis. Creían que el mar tenía alma, que los vientos escuchaban, que el dolor debía ser cantado para que no rompiese el corazón.

Los samis, nómadas, pastores, guardianes de las últimas memorias del hielo, han conseguido que sus derechos sean reconocidos. En Noruega, su vida gira en torno a Karasjok y Kautokeino. Quien se acerque con respeto podrá visitar los campamentos, compartir una comida humeante en un *lavvu*, la tienda cónica que aún utilizan, y asistir a los *yoiks*, esos cantos antiquísimos y evocadores. Las excursiones se organizan con sumo cuidado, y es difícil olvidar la destreza de quienes se mueven entre la nieve como si bailaran. Para los menos intrépidos, quedan las reproducciones en museos, pero la experiencia está lejos de ser la misma : falta el aire, falta el silencio, falta la sensación de no saber si se está aún en el presente.

En Kautokeino, además del alma sami, se impone la pasión por los deportes de invierno. Las motos de nieve surcan las mesetas, los trineos recorren distancias que parecen míticas, los esquís, delgados y de punta aguda, se deslizan sobre una nieve que parece haber sido pulida por los siglos.

Kautokeino no aparece en los mapas del deseo ni en los catálogos turísticos de quien busca paisajes fáciles. Hay que elegirlo con intención, con esa voluntad temblorosa de quien quiere llegar al fin de algo: de una carretera, de una historia, de uno mismo. Simplemente está allí, extendido sobre la llanura blanca como una oración, más cerca de Finlandia que del resto de Noruega, sostenido por el viento y por la obstinación de los samis, que aquí alzaron sus tiendas cuando el resto del mundo aún no sabía cómo nombrar el invierno.

El viajero que llega a Kautokeino lo hace en silencio. La nieve no permite otra entrada. Todo cruje con lentitud: las puertas, la madera, la respiración. Aquí el mundo se ha afinado en sus formas más esenciales: frío, luz, silencio, piel. Y sobre esas cuatro columnas, los habitantes levantan su existencia como un canto que desafía al olvido. Los renos caminan a su lado como si fuesen recuerdos antiguos. Las motos de nieve se deslizan sobre la tierra congelada como si huyeran del tiempo. Y el viajero, torpe aún, los observa con una mezcla de envidia y reverencia.

En los días de fiesta, el color estalla. Las ropas samis —con sus bordados rojos, verdes, dorados— brillan sobre la blancura como una aurora caída. Los *yoiks* resuenan en las iglesias y los hogares: no cuentan historias, las evocan, como si cantaran directamente al hueso del alma. En Kautokeino se sobrevive. Se sueña, con la obstinación del que sabe que no todo ha de ser explicado. Aquí, más que en ningún otro lugar, la identidad no es un derecho, sino una herencia cuidada con esmero, como una llama que no debe apagarse.

Más al oeste, Skaidi resulta un lugar ideal para lanzarse a la aventura. Es un cruce. Un punto donde convergen caminos, vientos, decisiones. Allí donde la carretera se bifurca hacia Hammerfest o hacia Nordkapp, Skaidi permanece como una pausa necesaria, como un suspiro entre dos distancias. A veces parece un espejismo detenido en mitad de la tundra; otras, una promesa sin terminar. No hay pasado que pese ni futuro que se apresure. Solo el presente, tan frío y tan claro que duele.

En invierno, Skaidi se recoge bajo la nieve como un animal dormido. Las casas bajas, los tejados aguantan el peso del cielo, los cristales se empañan por la respiración de quienes hibernan. No hay multitudes, ni ruidos, ni urgencias. Solo el rumor del río Repparfjordelva cuando no se congela, y el viento que se cuela por las costuras de las mochilas y de los recuerdos. Es un lugar para los que no buscan espectáculo, sino verdad.

Y esa verdad se encuentra en la naturaleza indómita que lo rodea: en las colinas peladas, en la humedad azul del horizonte, en la luz que, al caer la tarde, se vuelve dorada como el cobre escondido bajo la tierra. Los que llegan a Skaidi con raquetas o con esquís de fondo saben que el aire aquí es otro: más puro, más afilado, más silencioso. Cada zancada en la nieve parece una conversación con el mundo, cada curva del camino, una meditación involuntaria.

En primavera, el deshielo lo transforma todo. Los musgos vuelven a asomar, los colores se insinúan tímidos. Y Seiland, con su parque natural y sus fiordos ocultos entre montañas, ofrece un espectáculo que corta la respiración: hielo, roca, agua y cielo fundidos en un mismo elemento, como si la tierra estuviera aún naciendo.

Hammerfest se alza como la siguiente frontera. La ciudad más septentrional del mundo, allí donde el viento sopla en idiomas que ya no se hablan. Cuando hace buen tiempo no destaca mucho. Cuando se nubla, el dramatismo se acentúa. En lugar de gatos, los renos vagan por las calles como si fuesen sus dueños legítimos. El visitante aprende a compartir el espacio con estos seres silenciosos, serios, que parecen entender el misterio de vivir tan lejos de todo.

Es la última estación antes del olvido. La última ciudad al norte, o eso se repite como un conjuro, como si las palabras pudieran fijarla en un lugar comprensible del mapa. Pero Hammerfest fija también una frontera. No entre países, sino entre dimensiones: entre la tierra habitable y la vastedad blanca que comienza más allá de los fiordos. Entre la lógica de las ciudades y el estremecimiento de la intemperie.

Cuando uno llega a Hammerfest por carretera, tras horas de tundra, de curvas flanqueadas por nieve y roca, de horizontes que se repiten como un espejismo helado, lo que encuentra no es una ciudad en el sentido clásico. No hay aquí monumentos de mármol ni amplias avenidas. Verán casitas de colores que se aferran a la costa como si temieran ser arrastradas por el viento, un puerto donde los barcos se mecen con la obstinación de los que han aprendido a sobrevivir, y una iglesia que se alza con una extraña mezcla de fragilidad y orgullo.

El mar de Barents se insinúa siempre, frío y sin indulgencias. Y, sin embargo, los días despejados lo vuelven todo casi irreal: el azul del agua, el destello de la nieve acumulada en las laderas, los renos que bajan desde los montes cercanos y deambulan con lentitud por las calles. No son salvajes, pero tampoco son del todo domésticos.

Como Hammerfest, están a medio camino de algo más vasto e inabarcable.

Quienes viven aquí lo hacen por elección o por arraigo. Por un amor que no se explica. Por esa serenidad honda que da saberse lejos de todo. Las casas guardan calor como cofres, y desde las ventanas empañadas se observa un mundo silencioso, inmenso, en el que el tiempo parece haberse detenido. Las tiendas abren con lentitud, las cafeterías ofrecen, además de café, un refugio, una conversación en voz baja, una pausa.

Durante los meses de invierno, la oscuridad es total. El sol desaparece y no regresa durante semanas. La ciudad se ilumina desde dentro: luces tenues en cada casa, linternas que flotan en la noche como luciérnagas resignadas. Y cuando el cielo decide romper su negrura con una aurora, todo se detiene: las calles, las conversaciones, el aire mismo. Como si la ciudad contuviera el aliento para recibir ese regalo antiguo y deslumbrante.

En verano ocurre lo contrario: la luz no se apaga. Las noches desaparecen y una claridad fantasmal lo cubre todo. Pero la gente sigue bajando la voz, como si respetaran un pacto ancestral con la naturaleza. Hammerfest nunca es ruidosa. Aquí, las palabras pesan. Los gestos son esenciales. Y cada estación cambia la vida con la contundencia de una sentencia.

Fue reconstruida tras la Segunda Guerra Mundial, porque lo que había antes fue arrasado. Los nazis la quemaron al retirarse, redujeron a cenizas lo que no podían conservar. Por eso, Hammerfest es también una ciudad que ha renacido. Que ha resistido. Y que no lo proclama, pero lo recuerda. En sus placas, en sus archivos, en las historias que los ancianos aún susurran con pudor.

No todos entienden Hammerfest. Algunos pasan de largo, buscan paisajes más fáciles o emociones más espectaculares. Pero quien permanece, quien se sienta a observar el paso lento de los barcos o la nieve que se deposita con suavidad sobre los muelles, quien escucha al viento en la madrugada, comprende que Hammerfest ofrece la posibilidad de reconciliarse con el extremo. De vivir en el margen sin miedo. De encontrar belleza donde casi nadie mira.

La carretera que lleva hacia el norte se vuelve cada vez más delgada, como si el mundo se agotara poco a poco, como si ya no mereciera seguir construyéndose más allá. Uno avanza con la certeza de que está dejando algo atrás: los árboles se hacen más bajos, los colores se desvanecen, la tierra se convierte en roca y hielo, y el silencio comienza a instalarse, primero en el paisaje y luego dentro del pecho. No hay confusión posible: uno no está llegando a un lugar, sino aproximándose a un borde.

Cabo Norte resiste frente a la imposibilidad de que existe. No ofrece refugio, sino límite. Es un escenario que no ha sido hecho para habitarse, sino para marcar el fin. No hay duda: después de este acantilado que se precipita en el mar gris, solo queda el agua interminable, los cielos sin promesa, el aire del Ártico. Incluso el nombre es un gesto de sencillez brutal: Nordkapp. Nada más. Como si todo el idioma se quedara sin aliento en este punto exacto.

La latitud define casi un poema matemático: exacta, helada, definitiva. Setenta y un grados que no hablan de clima, sino de destino. Los cuerpos que se enfrentan a esta cifra tiemblan, aunque estén preparados. Aquí no hay ciudades ni calles ni voces humanas constantes. Aquí se prueba la voluntad. Quienes llegan hasta este confín no lo hacen buscando comodidad, sino una especie de redención. Hay una verdad muda que se encuentra únicamente donde el mundo se interrumpe.

Para alcanzar esta cornisa del planeta, se cruzan túneles horadados en la roca submarina, hay que dejarse tragar por la oscuridad antes de emerger en una luz que no se comporta como se espera. En algunos meses nunca duerme. En otros nunca despierta. En ninguno se adapta a las necesidades del visitante. En los días de niebla todo es translúcido y desorientador: la costa desaparece, el mar parece suspendido en el aire, y la propia identidad se torna incierta. Uno duda de si sigue existiendo, o si ha sido absorbido por una geografía más poderosa.

Se dice que quienes viajan hasta este punto buscan una experiencia interior. Pero eso es después. Primero hay que quebrarse. Hay que aceptar que no se entiende lo que ocurre. Que ningún mapa prepara para el escalofrío que produce la inmensidad vacía. Que los farallones que caen en picado hacia el océano no quieren aplausos ni fotografías, sino un silencio reverente. Que los elementos no están al servicio de nadie.

A veces, una bandada de aves traza un semicírculo en el aire helado. O el viento huracanado arrastra consigo partículas de agua que muerden el rostro. En ocasiones, una mancha de luz ámbar se extiende sobre el horizonte, un sol que no asciende ni desciende, sino que observa, indiferente. En esos instantes, es posible recordar que los antiguos pueblos creían que aquí se iniciaba el mundo de los gigantes, de las fuerzas primigenias. Y no es difícil darles la razón.

Quienes esperan encontrar en el Cabo Norte un espectáculo pueden sentirse decepcionados. Lo que ofrece es un estremecimiento. No hay consuelo ni bonitos paisajes. Hay algo más hondo, algo que sacude. En esta cúspide sin árboles ni risas, sin certidumbres, lo que se pone frente a los ojos es una especie de espejo desnudo que no refleja lo visible, sino lo que se arrastra por dentro. Lo que se esconde bajo las capas del discurso, del ruido, del tiempo.

Y si uno se atreve a sostener la mirada, si permanece allí de pie, sin buscar abrigo, sin girarse, sin hablar, ocurre algo raro. Una suerte de reconocimiento. Como si la piedra y el hielo comprendieran la presencia del recién llegado. Como si el viento, por un instante, cesara. Entonces se siente un temblor que no proviene del frío, sino de una verdad contenida. El viaje no ha sido geográfico, sino esencial. No se ha cruzado solo Noruega, sino también la línea que separa el vivir del existir.

La plataforma del cabo parece un altar sin rito, sin sacerdote, sin doctrina. El mar que golpea las rocas no da respuestas, pero sugiere preguntas. Y el viajero, que ha venido hasta allí con cansancio en los huesos y nombres olvidados en la memoria, se da cuenta de que ha alcanzado un final como los de los cuentos antiguos: una frase que no se cierra, pero que ya no necesita continuar.

Se capta una pureza helada en todo lo que rodea. El aire, cortante y transparente, parece una advertencia. Aquí ya no es posible fingir. Si uno ha llegado, ha llegado en esencia. Y todo lo demás ha sido abandonado en el camino: la prisa, la vanidad, el calendario. Lo que queda es el pulso primitivo de un ser humano frente a la vastedad. No hay derrota ni gloria. Solo el entendimiento súbito de lo poco que somos, y del privilegio que supone contemplarlo sin miedo.

Y de ahí ¿a dónde? Quizás a uno de los países más inverosímiles del mundo, con permiso de Islandia, la tierra del volcán y el hielo.

De todos los países fragmentados del norte, Finlandia es el que se deshace en lagos y en cursos de agua con mayor entrega. No basta con mirar su geografía de archipiélagos, de lagos infinitos y bosques que parecen crecer sin ruido ni límites. Hay que escucharla: el murmullo constante del viento en las hojas de los abedules, el chapoteo lejano de un remo en las aguas claras, el rumor de una lengua antigua que suena como si viniera de muy lejos, como si la hablasen las piedras.

En Helsinki, la capital, se confunden el hielo y la idea. A medio camino entre la severidad rusa y la ligereza escandinava, Helsinki no abruma, sino que acoge. Sus calles, abiertas al mar, avanzan en suaves pendientes hacia el horizonte helado del Báltico, y en ellas el granito gris convive con el blanco casi místico de los edificios neoclásicos y con las formas inesperadas del modernismo finlandés, tan propio, tan limpio, tan hondo. Se capta una promesa cumplida de civilización y cultura en Helsinki: las bibliotecas abiertas, los tranvías que cruzan lentos, la gente que camina en silencio, sin prisas, con una taza de café en las manos o un libro bajo el brazo.

Desde allí, es fácil alejarse y al mismo tiempo acercarse más a la esencia del país. A poco más de cincuenta kilómetros, Porvoo aparece como una estampa detenida, un lugar que existe al margen del tiempo. El viajero llega por una carretera flanqueada de árboles, y de pronto, al fondo, aparece la curva del río, las casas de madera roja alineadas en la ribera, los tejados altos, la piedra viva. En el casco antiguo de Porvoo, el tiempo parece respirar más despacio: hay calles empedradas, esquinas de panadería, tiendas que venden artículos de papel, de lino, de luz. Porvoo es la Finlandia de los cuentos: sencilla, ordenada, melancólica. La catedral, que resistió el fuego como si también ella fuese de piedra y de voluntad, asoma como una madre sobre la ciudad. Los niños ríen al cruzar los puentes de madera, y los gatos dormitan junto a las ventanas. En verano huele a abeto, a mermelada de arándanos y a sol tibio; en invierno, a cera, a nieve vieja y a silencio.

Y si uno desea sumergirse aún más en la estructura secreta de Finlandia, hay que viajar hacia el corazón del país, donde el agua es dueña del paisaje. Kuopio se levanta sobre las islas del lago Kallavesi, una ciudad dispersa, casi un susurro urbano que se filtra entre el bosque y el agua. Aquí todo parece haber sido creado para el paseo: las calles alternan zonas peatonales con otras que admiten tráfico, pero siempre bajo la premisa del respeto, del ritmo sereno. Caminar por Kuopio es como entrar en un cuadro naturalista: las casas de madera se alternan con edificios modernos, los niños juegan en patios de escuela donde el invierno nunca parece retirarse del todo, y las bicicletas descansan apoyadas en cualquier árbol, sin candados, como si nada pudiera ocurrir en un lugar así.

Kuopio mantiene un viejo ingenio urbanístico que demuestra cómo la necesidad se convirtió en virtud: las «calles de fuego», que se abrían como franjas vacías entre bloques de madera para impedir que las llamas arrasaran toda la ciudad. Hoy, esos corredores se han transformado en senderos de calma, en avenidas de silencio, en veredas por las que pasean los enamorados o caminan los ancianos que saben mirar al cielo para adivinar si lloverá.

Y cuando llega el hambre, Finlandia ofrece manjares que parecen salidos de una cocina esencial, casi prehistórica, pero cargada de matices. En Kuopio, se huele el *kalakukko* desde las ventanas de las panaderías: esa masa oscura, de centeno denso, que envuelve pescado y carne de cerdo, como si quisiera preservar dentro de sí todo el sabor del invierno. Se puede comer caliente, como un consuelo, o frío, como una reserva de energía. A su lado, el *karjalanpiirakat*, una especie de barquita hecha con harina fina, que acoge arroz o puré de patata y se corona con mantequilla derretida: sencilla, completa, inconfundiblemente finlandesa.

Y siempre, por todas partes, bayas. Las rojas, las azules, las que nacen bajo la nieve y resisten. Los licores que se extraen de ellas no son bebidas: son invocaciones. El *lakka*, hecho con camemoro, una fruta dorada como la miel, se bebe con el respeto con que se escucha una historia. El vodka también está allí, claro, pero no se impone, sino que acompaña. Como todo en este país.

Savonlinna, ciudad de aguas lentas y ecos antiguos, se despliega como una melodía en el corazón del lago Saimaa, donde el tiempo parece suspendido entre la piedra y la neblina. Allí, donde los inviernos son largos y la primavera asoma con pudor, el arte ha hallado una morada insólita. En medio del espejo líquido se alza Olavinlinna, castillo de tres torres y muros que han escuchado los susurros de siglos. Construido en 1475 como baluarte contra los enemigos del este, resiste aún hoy al tiempo, como si las aguas que lo rodean lo protegieran de la erosión del mundo. Desde sus almenas, se percibe el murmullo del pasado: gritos de guerra, salvas de cañón, las plegarias de los sitiados. Y ahora, los ecos han mudado de forma: son arias, duetos, coros que vuelan entre piedra y agua durante el Festival de Ópera, que cada verano transforma la fortaleza en un teatro sin igual, donde la emoción vibra con cada nota que flota en el aire húmedo del atardecer.

La ciudad entera parece acompasarse con el ritmo de la música, como si los días estivales fuesen una extensión de ese escenario flotante. Pero Savonlinna no es solo solemnidad ni tradición; también se ríe de sí misma. A finales de agosto, su alma lúdica despierta con el Campeonato

Mundial de Lanzamiento de Móvil, una irreverencia tecnológica nacida en el año 2000, como si los finlandeses se permitieran reírse de la modernidad que tanto dominan. Hombres y mujeres, serios o festivos, canalizan en ese gesto todo tipo de emociones, y el móvil, convertido en cometa, gira en el aire antes de aterrizar entre risas y aplausos. Se premia la distancia, pero también el arte del vuelo, el estilo, la coreografía del desprendimiento.

Más allá del bullicio estacional, Savonlinna supone una antesala de lo esencial. Desde allí, basta un breve viaje para adentrarse en el parque nacional de Linnansaari, sumergido en los pliegues de Haukivesi, una de las tantas ramificaciones del inmenso Saimaa, ese archipiélago de agua dulce que parece no tener fin. El parque se ofrece como un mapa de lo primigenio: aquí no hay estridencias, sino suspiros de árboles centenarios y silencios que respiran. Los pinos y abetos se alzan como catedrales verdes, y en sus claros aún se practica la quema controlada de la maleza, una técnica ancestral que no solo previene incendios, sino que purifica y renueva, como un rito de paso natural. Si vemos arder esos fuegos rituales, en una noche sin luna, asistimos a una ceremonia telúrica, donde la tierra habla en crepitar y humo.

A quienes viajan en busca de introspección o belleza salvaje, el parque les regala sus secretos: islotes diminutos que flotan como pensamientos, senderos entre líquenes y musgo, el arrullo constante de aves invisibles. Algunos aventureros prefieren acampar, otros recorren los canales en kayak o barca a remo, dejando que la bruma de la mañana los envuelva como un velo. También navegan ferris, algunos con destino a Rusia, deslizándose en silencio por las aguas grises. Todo es parsimonioso y lento, como una danza antigua, como si el mundo aquí avanzara al ritmo de una respiración profunda.

Las cabañas de madera salpican las orillas del lago, modestas y acogedoras. No necesitan ornamento alguno: basta una estufa, una mesa, unas camas sencillas y, por supuesto, la sauna. En Finlandia no hay hogar sin ella, y en estos parajes adquiere un sentido primitivo: es el lugar donde el cuerpo se desprende del frío, del cansancio, de la civilización. Quienes se atreven, salen después desnudos al aire gélido o se zambullen en el agua helada del lago, con un grito que despierta a las piedras. Durante el largo invierno, las cabañas parecen dormidas, cubiertas de escarcha; pero en cuanto el sol se asoma, los pájaros vuelven, los zorros husmean, y hasta las diminutas focas de Saimaa emergen de entre los juncos. Son criaturas escasas, secretas, como salidas de un bestiario antiguo. Pequeñas, grises, redondeadas, con ojos enormes: parecen saber algo que nosotros hemos olvidado. Ver una, aunque sea de lejos, es recibir una bendición de lo inasible.

Desde allí, el viaje puede continuar hacia el oeste, hasta Petäjävesi, un rincón sereno donde el misterio se manifiesta sin grandilocuencia. Allí se encuentra una de las joyas más discretas de Finlandia: la iglesia de madera, levantada en el siglo XVIII, con su campanario separado, como si custodiaran entre ambos el paso del tiempo. La arquitectura es humilde, pero su alma vibra en los detalles: pinturas tenues sobre paneles, el aroma del abeto envejecido, las marcas del hacha en la madera. Es un lugar para escuchar el silencio, o para rezar sin palabras. Declarada Patrimonio de la Humanidad, la iglesia parece susurrar que no todo lo sagrado requiere mármol ni oro.

No muy lejos, otra sorpresa nos aguarda: el lago Karikkoselkä, perfecto en su redondez, es en realidad el cráter de un antiguo meteorito. No hay estridencia en su forma, solo la geometría tranquila del azar. Allí, el agua cubre lo que alguna vez fue impacto y cataclismo, y, sin embargo, todo parece en calma. Es un recordatorio de lo efímero, de lo imprevisible, del modo en que el universo decide, a veces, intervenir en la Tierra sin previo aviso.

Llegados a este punto, cuando las rutas se acaban y los sentidos se han colmado, uno puede sentir que ha tocado algo esencial. No se trata solo de paisajes ni de experiencias: es la conciencia de que cada lago, cada bosque, cada piedra cubierta de musgo, tiene un espíritu propio, una historia que no se grita, sino que se susurra.

Y así, al despedirse de esta Finlandia lacustre, no hay nostalgia, sino una certeza tranquila: los lagos siguen ahí, miles e infinitos, como espejos de un mundo más limpio, más antiguo, más callado. Uno que apenas existe, suspendido en algún lugar invisible.

AMOR ANTES DE QUE LA ISLA SE HUNDA

No recuerdo su nombre. Tal vez nunca lo supe, o él lo pronunció una sola vez, con ese acento de niebla, ese idioma sin vocales que hablaba como si le pesaran los dientes. Pero recuerdo sus ojos, de un gris claro, invernal, como la superficie de un lago cuando el hielo empieza a quebrarse. Y su cabello rubio como el lino antiguo, o como ciertas playas a las que no llega el turismo, parecía mojado, aunque no lloviera.

Llegamos juntos a la isla. Él conducía una barcaza sin nombre, oxidada por la sal y los años, que parecía arrastrar un recuerdo de guerra o de exilio. No me dijo por qué íbamos allí ni cuánto tiempo estaríamos. Yo solo le había dicho que ya no pertenecía a ninguna tierra, y que quería escaparme de los lugares que conocía, antes de que todo desapareciera y yo con ello. Dijo que podría ayudarme, pero no cómo. Yo tampoco pregunté. Aprendí hace tiempo que la información no evita las catástrofes, solo las hace más tediosas.

La isla, impronunciable, irrepetible, un nudo de consonantes como una amenaza en la garganta, surgió de entre la bruma súbita como una traición. No tenía árboles ni caminos. Las rocas, negras y húmedas, daban la sensación de estar vivas, y en su latido de agua se adivinaba el lento hundimiento. Las pocas casas se abrazaban al suelo, como si supieran lo que les esperaba. No había antenas, ni farolas, ni perros, ni cuervos. Solo el viento, que olía a algas podridas y a miedo.

Él desaparecía durante horas. Decía que salía a comprobar los niveles del agua, o que hablaba con los otros, aunque nunca vi a nadie más. A veces dejaba una taza de té caliente sobre la mesa, como un gesto de piedad hacia mí. Pero no compartía el silencio, ni el calor, ni el pan. Era como vivir con un recuerdo que no se atreve a irse.

Las noches resultaron ser lo peor. El mar trepaba por las paredes, y la casa gemía. En el techo aparecían manchas nuevas, oscuras como sangre antigua. Dormía poco, con los ojos abiertos, escuchaba el crujido de las vigas como si fueran huesos. Me dolía la soledad en sitios que no sabía que podían doler: en el paladar, detrás de las rodillas, en la raíz de las uñas. Soñaba con ciudades sumergidas, con bibliotecas anegadas, con niñas que se perdían en prados verdes y que no volvían a casa.

Una madrugada encontré un mapa. Estaba arrugado y mojado, escondido en una caja de metal oxidado. Allí, la isla figuraba tachada. Como si ya no existiera. Como si nunca hubiera existido. Él me lo arrancó de las manos con una violencia muda, como si yo hubiera profanado un secreto que ni él quería conocer. Luego me miró por primera vez como si yo fuera real.

Le pregunté entonces si la isla se hundía. Si él lo sabía. Si me había traído allí para mostrarme algo, o para castigarme por algo. No respondió. Solo me entregó una brújula rota, cuyo norte bailaba como una llama a punto de extinguirse. Después volvió a salir, y no regresó.

Durante los días siguientes la marea subió más deprisa. El agua lamía las escaleras, entraba en la despensa, se colaba por las cerraduras. Las paredes se descascarillaban como fruta demasiado madura. Los días eran pura espera a que llegara la desaparición, el hundimiento, o una señal que nunca se anunciaba. En mi interior, sin embargo, se alzaba algo que había creído perdido: la certeza de que los lugares, al igual que las personas, pueden morir. Y que nadie los llora. Una mañana descubrí que la mitad de la isla había desaparecido, tragada sin ruido.

Escribí varias cartas. No sé para quién. Las escondí en frascos de vidrio y las lancé al mar. No incluí mi nombre. No sabía si aún me pertenecía.

A veces lo veía desde la costa, de pie en el extremo más alto de la roca, como un faro apagado. El viento le agitaba la camisa, y su silueta parecía dispuesta a deshacerse en el aire. Nunca me llamó. Nunca me tendió la mano.

Entonces lo comprendí: él no me había traído. Fui yo quien lo siguió. Él ya vivía allí, en esa isla a punto de hundirse, en ese umbral suspendido entre lo que ya fue y lo que no volverá a ser. Yo solo me senté junto a él a esperar el derrumbe.

La última noche me vestí como si esperara una visita. El viento ululaba por entre las rendijas como si llamara a alguien. Encendí todas las lámparas, como quien ilumina una casa antes del naufragio. Me senté a escribir, como si el lenguaje pudiera sujetar lo que la tierra ya no podía. Cuando el agua comenzó a subir por la escalera, no cerré la puerta. Sabía que resistir era inútil. Pero que podía dejar un testimonio...

No sé si la isla aún existe mientras escribo esto. Quizás ya se ha borrado del mundo. Tal vez solo fue una estación efímera entre dos desapariciones. Pero al menos alguien la nombró. Al menos alguien supo que estuvo allí.

Ahora quedan pocas horas. Este libro que comencé a escribir hace mucho tiempo llega a su fin. La luz ha cambiado: es más blanca, más cortante. El agua lame los marcos de las puertas, como una criatura hambrienta. El suelo tiembla a intervalos, como si la tierra respirara. No sé si él regresará. Tal vez está abajo, ya entre los peces, entre los que entienden sin necesidad de palabras. Tal vez nunca estuvo aquí.

Cuando caiga la noche, abriré las ventanas. Dejaré entrar el agua, la brisa, las voces que no se oían.

Quizás este no sea un final.

Quizás sea, al fin, una forma de partir.

EPÍLOGO

Cuando era niña aprendí, con una tristeza que entonces no sabía nombrar, que los lugares pueden desvanecerse. Que no basta con haber vivido en ellos, con haberlos amado, con haberlos dibujado en la memoria: hay tierras que desaparecen sin hacer ruido, sin que nadie se entere. Aprendí que no estaban clavadas en el mundo como anclas, sino que flotaban apenas sujetas por los hilos del recuerdo. Cada país que visito es solo otra versión de aquel prado desaparecido, de aquel pueblo borrado por el agua, de aquella esquina donde jugaba de la que ya no queda ni el viejo roble.

He recorrido mucho desde entonces. Más de lo que aquella niña habría imaginado. Pero sigo sabiendo lo mismo: que hay que prestar atención, que hay que cuidar los lugares con la devoción con la que se cuida a un enfermo. Que el mundo, pese a su peso y su edad, es frágil como un vaso antiguo. Y que, a veces, no queda más que decir adiós, y marchar hacia otro lugar que aún no existe.